KB068380

서울을 팔고
도쿄를
샀습니다

서울을 팔고 도쿄를 샀습니다

백승 지음

월급쟁이의 일본 부동산
투자 성공기

RHK
알에이치코리아

서울을 팔고 도쿄를 사다

지난 5년, 한국은 바야흐로 부동산의 시대였다. TV, 뉴스, 신문, 온라인 커뮤니티 등에서 부동산, 특히 서울의 부동산 전성시대에 관한 이야기가 끊임없이 오갔다. 혹자는 뛸 듯이 기뻐했을 테고, 혹자는 잠 못 이루는 밤을 보냈을 테다. 나의 경우는 전자였다. 약 9년 전에 시작한 내 부동산 투자는 이 흐름을 제대로 탔다.

다만 이 성공은 부동산 투자에 관록이 있었던 탓이 아니라, 초심자의 행운이 깃든 케이스라고 볼 수 있다. 그러므로 이 책에서 서울 부동산 투자의 노하우나 지역별 투자법 같은 것을 말하려는 것은 아니다. 오히려 나는 모두가 입을 모아 칭송하는 '서울 아파트'를 매도하고 해외 부동산에 투자했다. 그것도 '잃어버린 20년'으로 경기 침체의 상징이 된 일본 부동산에 말이다.

일본 부동산 투자를 시작할 당시, 국내 부동산 상승장에서 얻은 차익이 약 4억 원이었다. 적다면 적고, 많다면 많은 금액이다. 거기에 맞벌이하면서 모은 1억 원을 합치니 수중에 5억 원가량의 현금이 생겼다. 이 금액을 재투자할 곳을 찾아다녔지만, 대한민국 부동산 시장에서 5억 원이 더는 그렇게 큰돈이 아니었다.

특히 지난 5년 서울 부동산은 투자자와 실수요자들이 모두 참여하는, 말 그대로 전 국민이 뛰어든 시장이 되었다. 그래서일까? 보면 볼수록 5억 원으로 투자할 수 있는 매물이 많지 않았다. 게다가 서울 아파트를 남겨둔 채로 추가 투자처를 찾다 보니 갈수록 늘어날 보유세나 양도세 등의 세금 문제도 고민이었다.

무엇보다도 과열되는 서울 부동산을 바라보고 있자니 점차 불안한 마음이 들었다. 5억 원으로도 투자할 곳이 마땅치 않은데…. 지금의 가격이 적정가인지 아닌지 판단이 어려웠다. 어느 자산이든 오름세와 내림세는 반복되기 마련이며 영원히 오르는 것은 없기 때문이다. 그리고 만일 계속 오르더라도 비정상적으로 치우친 시장에는 부작용이 생길 가능성이 크다고 생각했다.

지금이 오름세의 끝자락인지 시작점인지는 아무도 알 수 없다. 하지만 큰돈을 투자하기에는 예측하기 힘든 규제와 세금이 부담스러운 상황인데다, 만에 하나 하락세가 나타나면 그 범위와 여파가 감당하기 힘들 정도로 클 것이란 판단을 내렸다.

이런 이유로 국내가 아닌 해외로 관심을 돌리게 되었다. 해외로 시선을 돌리니 그곳에는 더 넓은 세상이 있었다. 그곳에도 사람이 살고, 경제가 돌아가고, 수많은 부동산이 존재했다. 선택의 범위가 넓어진다는 것은 가능성이 커진다는 뜻이다. 선택지가 생기자 이런 생각이 들었다. 서울보다 안정적이면서 예측 가능한 수익을 얻을 수 있는 곳이 있지 않을까? 뿐만 아니라 훗날 이주를 할 수 있는 곳이라면, 투자는 물론 나의 미래까지 준비할 수 있지 않을까?

나와 비슷한 생각을 가진 사람들이 있었던 것인지, 당시에 한창 해외 부동산 투자와 관련한 기사가 쏟아져 나왔다. 선진국인 미국, 일본, 유럽뿐 아니라 개발도상국인 베트남, 인도네시아, 말레이시아까지 여러 나라에서의 부동산 투자가 활발히 회자되었고 관련 세미나도 열렸다. 실제로 2019년 한국인은 아시아에서 해외 부동산 투자 시장의 큰손으로 떠오르기도 했다.

이런저런 소식을 듣다 보니 점점 더 궁금해졌다. 나도 해외 부동산을 살 수 있을까? 아마도 개발도상국에서 가능하겠지? 그런데 내가 전혀 모르는 곳에도 투자를 할 수 있을까?

투자 정보를 알아보기 시작했다. 제일 처음에 관심을 둔 나라는 미국과 캐나다였다. 북미 쪽은 당연하게도 한국인들이 선호하는 지역이다. 아마 전 세계인들이 선호할 것이다. 북미 지역 투자는 거의 대부분이 투자 이민과 관련되어 있다. 해외 이주를 하거나 2세에게 시민권을 주는 등 투자와 더불어 영주권을 취득하려는 목적이 크다.

부동산 세미나에서 한 북미 부동산 투자 업체의 부스에 방문해 상담을 받아보았다. 이야기를 들을수록 아직 나에게 미국은 너무 멀게만 느껴졌다. 심리적인 거리도 그렇지만, 물리적 거리도 멀다는 점이 부담이었다. 직장인인 내가 자주 방문하기 어려울 거라 생각하니 더욱 현실적으로 다가오지 않았다. 더군다나 처음 들어가는 초기 투자 금액도 상당했다.

여기저기서 자주 소식이 들려오는 베트남, 필리핀, 말레이시아 쪽도 알아보았다. 이 지역들은 오랫동안 많은 투자자가 관심을 갖고 있던 곳이기도 하고, 이미 많은 한국인이 투자를 한 곳이기도 하다. 하지만 이곳들 또한 크게 매력적으로 느끼지 못했는데, 가장 큰 이유는 이제 막 경제 성장을 시작한 개발도상국의 부동산이기 때문이었다.

이들 중 일부 국가에서는 외국인 투자자들에게 불리한 세금을 부과하는 경우가 있기도 했고, 무엇보다 개인적으로 개발도상국의 부동산 제도 자체에 대한 확신이 없었다. 또, 베트남 같은 공산국가에서는 부동산을 거래할 때 땅을 개인이 소유할 수 없다. 개인이 아파트나 건물을 사더라도 땅은 국가의 소유로 남아 있고 개인은 땅을 빌려 쓰는 사용권만 취득할 수 있다. 부동산의 본질은 땅인데…. 땅을 빌리기만 하는 것은 큰 리스크라고 생각했다.

그러다가 만나게 된 것이 일본이었다. 일본이라니? 일단 일본의 부동산을 생각할 때 제일 먼저 떠오르는 것은 '부동산 버블 붕괴'이다. 1998년 일본 버블이 붕괴하면서, 부동산 가격이 대폭락했다. 그리고 그 후로 일본 경제는 저성장과 경기침체가 긴 시간 이어졌다.

그런데 요즘은 어떨까?

2019년, 경제 뉴스에서 '일본의 내수 심리가 다시 살아났다', '니케이 지수가 최고점을 갱신했다', '일본 부동산 리츠 펀드의 수익률이 대단했다' 등과 같은 소식이 들렸다. 그러고 보니 지금껏 나는 일본을 20년 전의 모습으로만 생각하고 있었다. 그동안의 변화에 대해서는 생각해 본 적이 없었던 것이다.

일본은 경제 규모가 전 세계에서 세 번째로 큰 강대국이자 선진국이기도 하다. 한국인이라면 이 사실이 불편할 수도 있겠지만 사실이 그렇다. 세계 GDP 순위 세 번째인 선진국. 이만한 경제 규모를 가진 나라의 부동산이라면 아무리 버블 붕괴 이후라고 해도 가격이 어마어마하게 높을 거라는 생각이 들었다. 실제로 워킹홀리데이나 주재원을 갔던 친구들은 도쿄의 살인적인 월세에 대한 이야기를 종종 들려주었다. 그런데 이런 생각들은 모두 사실이 아니었다.

뚜렷한 근거 없이 무작정 '침체'로 각인되어 있던 일본 부동산은 9년 전부터 다시 들썩이기 시작해서 2017년부터 '호황'인 상태였다. 또, 엄청나게 높은 가격대일 거라고 생각했던 도쿄 부동산 중에는 내 종잣돈으로 살 수 있는 금액대의 부동산이 있었다.

게다가 오랜 침체를 거쳐 이제야 회복되고 있는 도쿄의 부동산을 찾다 보니 아직 상승 여력이 충분한 곳들도 정말 많아 보였다. 2019년 서울의 25평 아파트 중위가격이 9억 원가량이었다. 그런데 일본의 수도인 도쿄, 그것도 외곽이 아닌 도심부의 25평 타워맨션은 6~7억 원 정도로, 무척 저렴하게 느껴졌다.

장점은 더 있었다. 해외 투자자에 대한 규제는커녕 절세할 수 있는 세금 특례가 더 많고, 당연히 외국인들이 땅을 소유할 수도 있다. 또한 부동산 대출도 별다른 규제 없이 전 세계에서 가장 저렴한 금리로 받을 수 있다. 부동산 제도가 체계적이고 법규가 잘 갖춰져 있는 것은 말해서 무엇 할까. 일본은 공적인 문서 작성을 무척 좋아할뿐더러 꼼꼼하다 못해 과한 섬세함으로 기억되는 곳이 아닌가.

이런 사실을 깨닫고는 일본의 부동산에 대해 파헤치기 시작했다. 그리고 약 6개월 후 나는 5억 원가량의 금액으로 도쿄도 신주쿠구에 위치한 대지 40평짜리 상가주택을 샀다. 매입 당시의 명목수익률은 5.8%였다. 그리고 지난 3년간 임차인 구성을 바꾸면서 월세를 올렸고 현재는 실질수익률 13%로 월세를 받고 있다(대출이자, 관리회사 수수료, 세금, 각종 공과비 제외). 한국에서는 상상할 수 없는 수익률이다. 더욱 풍족해진 현금흐름은 내 생활뿐 아니라 앞으로의 투자 계획도 탄탄하게 만들어주었다.

언젠가부터 미국 주식 투자가 유행이다. 그런데 개미들이 미국 주식에 관심을 갖고 직접 투자하기 시작한 것은 불과 몇 년 되지 않았다. 원래도 미국 주식은 그 자리에 있었고 심지어 전 세계에서 가장 유망한 투자처였음에도 한국인들은 국내 주식에 집중했다. 그 이유는 해외 주식 거래가 아직 대중화되지 않아 접근이 어려웠기 때문이기도 하겠지만, 가장 크게는 한국 주식 역시 충분한 수익을 낼 만큼 매력적이었기 때문일 것이다. 한국 주식의 매력도가 떨어지자

너도나도 앞다투어 직접 해외 주식 계좌를 개설하고 HTS와 MTS로 거래를 시작했다. 이제는 주식에 투자하는 사람 중 미국 주식을 포트폴리오에 넣지 않은 사람을 찾아보기가 힘들 정도가 되었다.

그렇다면 해외 부동산 투자는 어떨까? 아직까지는 예전의 해외 주식처럼 막연하고 어려워 보인다. 게다가 부동산은 주식과는 달리 부동성이 있다는 특징 때문에 내가 직접 이동해야 하기도 하고, 처음 투입되는 금액도 꽤 큰 편이라 장벽이 높아 보이는 것이 사실이다. 하지만 투자재라는 측면에서 보면 결국 주식이든 부동산이든 같은 원리가 적용된다. 특정 주식 또는 특정 지역 부동산의 기대 수익률이 낮아졌거나 위험도가 커졌다면 다른 투자처를 찾으면 그만인 것이다. 해외 주식이 해외 증시에 상장되어 있듯이, 해외 부동산도 다른 나라에 존재하고 있을 뿐이다. 한국의 부동산에서 한국인들이 살아가듯, 해외 각지의 부동산에서도 그 나라 사람들이 살아가고 있다. 부동산의 본질은 같다.

2022년 현재, 한국 부동산 시장은 마치 안갯속처럼 불투명하다. 갑작스럽게 금리가 오르며 수요 심리가 뚝 떨어졌기 때문이다. 불과 1년도 채 안 되어 시장 판도가 완전히 뒤바뀐 것이 신기할 정도다. 지난 몇 년간 '절대 불패'를 외치던 아파트 투자도 더는 진리가 아니게 되었다. 부동산 가격은 떨어지는데 세금은 그대로고, 금리는 계속 오른다. 투자자에게 힘든 시기가 왔다. 하지만 투자자라면 한시도 돈을 놀리지 않아야 하는 법. 활로를 찾기 위해 기존의 방법이

통하는 시장을 기웃거리는 투자자가 있다면 아마 불안할 것이다. 특히 이미 종잣돈이 마련되어 있는 경우라면 더욱 그렇다.

그렇다면 바로 지금, 일본 부동산에 눈을 돌려보는 건 어떨까. 전 세계 최저 금리, 저평가된 부동산, 높은 수익률, 유례없는 엔저 현상. 이 모든 것이 일본 부동산을 매력적으로 만드는 요소다. 투자자라면 시공간을 초월해 돈을 벌 수 있는 곳에 가서 돈을 벌면 그만이다. 그렇기에 한국 내부로만 향하던 시선을 해외로, 바깥으로, 특히 일본으로 돌려보자는 것이다. 물론 그렇다고 해서 무작정 덤벼들라는 이야기는 아니다. 모르는 영역이니만큼 철저한 대비는 필수다.

낯설어 보이는 해외 부동산 투자이지만 누구든 도전할 수 있다. 평범한 월급쟁이였던 나도 성공했으니까 말이다. 지금 부동산 투자의 길을 헤매고 있는 사람들, 더 넓은 세상으로 투자의 길을 넓혀보려는 사람들에게 내 경험담이 도움이 되기를 바란다.

덧붙여 나는 부동산 업계의 전문가가 아닌 일반인으로, 이 책에는 철저히 투자 목적으로 접근하여 얻게 된 정보와 기록 들을 담았다. 최대한 사실에 부합하도록 많은 리서치와 공부를 하였으나, 미처 확인하지 못한 오류가 발견된다면 미리 양해를 구한다. 잘못된 정보나 오류가 있다면 언제든 연락해 주시길 바란다.

2022년 12월

백승

목 차

2장 일본 부동산 투자에 첫발을 내딛다

3장 도쿄로 가는 임장 여행

4장 험난한 은행 신고

5장 일본 부동산 거래의 절차 밟기

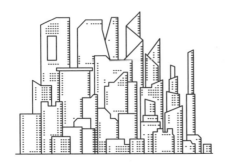

6장 매일 매일 투자 생활

7장 일본에서 건물주가 되어보니

1장

왜

일본

부동산인가?

01

아직
저평가되어 있다

일본 도심 부동산은 저평가인 상태로 보인다. 이 말은 아직 상승 여력이 충분하다는 것이다. 현재 일본의 부동산 가격을 살펴보자면, 2013년부터 부동산 경기가 원만하게 회복하다가 코로나19로 인해 잠시 주춤한 상태다. 도쿄의 중심부의 땅값은 버블 당시의 60~70% 수준까지 회복되었다. 그 밖에 주요 수도권은 40~50% 수준까지 올라온 상태다.

누군가는 경제 버블이 너무나도 거대했기 때문에 지금의 가격이 정상적이라고 이야기하고, 또 다른 누군가는 일본의 경제력에 비해 낮은 수준이라고 이야기한다. 가장 적정한 부동산 가격이 얼마인지는 어떤 전문가도 정확히 맞추기 힘든 것이 사실이다. 부동산에서는 시간이 지난 뒤 '그때 가격이 저렴했구나' 하고 깨닫는 결과론적인 분석이 대부분일 때가 많기 때문이다.

저렴하다는 평가를 하기 위해서는 '상대적 가격'을 알아야 한다. 재화를 평가할 때는 절대적인 금액으로 보기보다는 상대적으로 전체 흐름을 파악해 가면서 가치를 판단해야 한다. 예를 들어 누군가에게 5억 원이라는 돈은 상당히 큰 금액이지만, 누군가에게는 턱없이 부족한 금액이기도 하다. 그래서 사람마다 '그 아파트'가 5억 원일 때, 절대적인 금액의 관점에서는 비쌀 수도 있고 쌀 수도 있는 것이다.

하지만 가치를 평가하려고 한다면 이런 판단은 옳지 않다. 그 아파트가 어떤 지역에 있고 어떤 동네에 위치하며 연식은 얼마나 되었는지, 근처 아파트와 비교했을 때 어떤 점이 장점이고 가격은 얼마나 차이가 나는지, 내부 구조와 뷰를 비롯한 주변 환경은 어떤지, 초등학교와 가까운지 등등. 종합적인 요소를 모두 더해 상대적으로 가치를 판단할 수 있다.

이렇게 상대적인 측면에서 부동산을 평가해 본다면 일본 부동산은 저렴하다. 한국 부동산과 비교해도 그렇고, 전 세계적으로 비교해도 그렇다. 그 근거로 'PIR 지수'를 살펴보자.

PIR 지수란 Price to Income Ratio의 약자로, 소득 대비 주택가격의 비율을 나타내는 지수다. 주택을 소유한 가구의 연 소득으로 특정 지역이나 국가의 집을 사는 데 얼마의 시간이 걸리는지 측정한다. PIR 10이라고 하면, 10년 치 연봉을 한 푼도 쓰지 않고 모아야 집을 살 수 있다는 뜻이다. 즉, 수치가 높을수록 그 지역 사람들의 경제력에 비해 집값이 과하게 부풀려져 있다고 보는 것이다.

2021년 기준 전 세계의 PIR을 확인해 보면, 홍콩 45.19, 베이징 41.70, 싱가폴 19.38, 서울 28.86, 도쿄 15.40이다. 2016년에 비해 2021년의 PIR이 얼마나 올랐는지를 확인해 보면, 홍콩이 20%, 베이징이 24%, 서울이 73% 상승한 데 반해 도쿄는 41% 하락했다. 부동산 가격의 상승세가 계속되는데도 도쿄의 PIR은 오히려 줄어들었다. 이 말은 다른 도시들의 소득 대비 부동산 가격의 상승률보다 도쿄의 부동산 가격 상승률이 더뎠다는 것이다. 현재의 집값을 떠받칠 수 있는 여력이 아직 남아있다는 뜻이다.

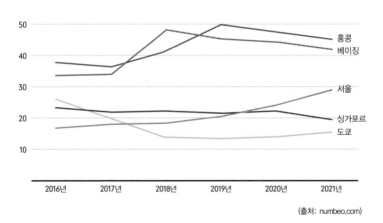

그림1 2016~2021년 주요 아시아 도시의 PIR 지수

(출처: numbeo.com)

그렇다면 도쿄의 부동산 가격 상승률은 왜 더딘 것일까? 나는 그 이유가 일본인들의 수요 심리 때문이라고 생각한다. 도심부로 몰려드는 사람들은 많지만, 그 사람들의 매매 심리는 약한 편이다. 일본인들은 자기 집 한 채를 사서 살다가 적당한 시기에 팔고 더 좋은 곳으로 옮겨가는 등의 실거주용 갈아타기 투자도 잘 하지 않는다. 그 이유는 1998년의 버블 붕괴 사건의 기억 때문이다. 당시 반토막은커녕 10분의 1토막까지 떨어진 부동산 가격은 일부 지역을 제외하고 계속 유지되고 있다.

현재 경제 부양층인 40~50대는 이 버블 붕괴를 직접 목격한 데다 그 후로도 오랫동안 부동산 경기 침체를 겪어왔다. 따라서 그들에게 부동산은 투자재가 아니라 감가상각이 되는 소비재에 불과하게 된 것이다. 게다가 월세가 나오는 수익형 부동산 투자는 말 그대로 '부자들만 할 수 있다'라는 잠재적인 심리가 깔려 있고, 대부분의 일본인들은 대출받는 것을 싫어해 레버리지를 활용하는 부동산 투자 역시 고려하지 않는다. 이런 사유들이 합쳐져서 일본인들은 그 비싼 월세를 감당하면서도 자기가 살 주택 한 채조차 선뜻 매매하지 않는다. 실질 소득이 1998년과 크게 변화가 없는 젊은 층들은 더 말할 것도 없다.

하지만 최근 20~30대 고연봉자들 사이에서 부동산에 대한 인식이 조금씩 변하기 시작했다. 이들은 버블 붕괴를 직접 경험하지 않은 데다 타워맨션과 같은 살기 편한 아파트의 등장을 지켜보았다. 그러다 보니 실거주용 집 한 채에 대한 욕구가 나타나고 있는 것이다. 또한 2013년부터 주요 중심지의 부동산 가격 상승을 목격한 일부 수요층들은 거주지로뿐 아니라 투자재로서 부동산을 바라보기 시작했다. 이렇게 수요 심리까지 조금씩 생겨나고 있는 현상은 일본 부동산 가격에 긍정적인 신호라고 볼 수 있다.

또한 해외 투자자 입장에서 보았을 때, 일본 엔화의 지속되는 저환율이 부동산을 상대적으로 저렴하게 만드는 요인이 된다. 지난 10년간의 일본 환율을 살펴보면 평균 1055.1원으로, 2022년 현재 900원 중후반대의 환율은 충분히 매력적이다. 지금의 우리는 10년 평균 환율보다 10%가량 저렴하게 엔화를 바꿀 수 있다.

일본 부동산을 거래할 때는 엔화가 필요하다. 그런데 엔화를 더

그림2 지난 10년 원/100엔 환율 그래프

(원/100엔)

10년 평균 1055.1원

(년도)

저렴하게 가질 수 있다는 것은 동일한 가치의 부동산을 저환율을 이용해서 10% 더 저렴하게 구입할 수 있다는 뜻이다. 그래서 최근 일본 환차익을 이용한 투자로써, 해외 자산가들의 일부 부동산 쇼핑에 대한 기사가 나오기도 했다.

"교토 아파트 30% 올랐다"…'엔저'에 일본 부동산 싹쓸이하는 외국인

최근 일본 부동산 가격의 급등세는 외국인 투자자들이 주도하고 있다. 엔화 가치가 24년 만에 최저 수준으로 떨어지자, 싼값에 일본 부동산을 매입하려는 외국인, 그중에서도 중국·홍콩 투자자들이 늘면서 부동산 가격을 끌어올리고 있는 것이다.

　최근 엔화 가치는 달러당 145엔에 육박하는 등, 24년 만에 가장 낮은 수준을 기록하고 있다. 일본 부동산 가격은 그대로일지라도, 달러를 보유한 외국 투자자들에게는 환율이 올라간 만큼 땅값이 싸지는 효과를 볼 수 있어, 투자 매력도가 올라가는 것이다. 일본 부동산 쇼핑에 나선 홍콩의 한 자산가는 "엔저 현상으로 일본 부동산 가격이 지난해 대비 최대 30% 할인된 셈이라, 앞으로 더 많은 자본을 일본에 투자할 계획"이라고 말했다.

(출처: 〈한국일보〉, 2022년 9월 19일자 기사)

'엔저'에 집 32채 쓸어담았다…日서 부동산 쇼핑한 큰손 정체

해외 큰손들이 일본 부동산 시장에 뛰어드는 배경으론 엔화 약세가 꼽힌다. 미국이 기준금리를 올리는 데 반해 일본은행이 저금리 기조를 유지하면서 올 들어 달러 대비 엔화가치는 지난 7월 24년 만의 최저치인 1달러 당 139엔을 기록하기도 했다. 연초만 해도 1달러에 102엔 수준이었지만 급격히 엔화 값어치가 떨어지면서 달러를 들고 있는 해외 투자자 입장에선 상대적으로 일본 부동산을 싸게 사들일 수 있게 된 것이다.

실제로 일본 국토교통성이 지난 2010년을 기준(지수 100)으로 놓고 본 일본 상업용 부동산 가격지수를 토대로 모건 스탠리MUFG 증권이 계산한 '달러 기반' 일본의 부동산 가격지수는 지난 3월 말엔 104.4였다. 하지만 6월 말엔 93으로 11.4포인트 떨어졌다. 그만큼 싸졌다는 얘기다.

(출처: 〈중앙일보〉, 2022년 8월 12일자 기사)

엔화는 대개 안전자산으로 평가받는다. 일본의 위상이 이전과 같지 않다고는 해도 미국 달러, 스위스 프랑과 함께 엔화는 세계 3대 안전자산으로 여전히 꼽힌다. 과거 실물 경제나 금융 시장의 위험이 커질 때마다 엔화는 미국 달러와 함께 가치가 오르는 피난처였다. 물론 2022년 들어 미국의 금리 인상으로 인한 자금 유출, 경상수지 적자 등의 이유로 이전과는 다른 엔저 현상이 나타나고 있지만, 시장이 제자리를 찾아가는 과정을 거친다면 엔화는 분명 다시 이전과 같은 양상을 보일 것이다. 이럴 경우 저렴하게 구입했던 엔화로 환차익을 톡톡히 볼 수 있게 된다. 이런 이유로 해외 자산가들은 엔화가 저렴할 때 일본 부동산을 구입하여 상승과 환차익을 동시에 노리고 있는 것이다.

　일본 내 도시들은 PIR 지수의 상승이 다른 도시에 비해 더뎠고, 현재 유래 없는 저환율로 약 10%의 상대적인 이득을 취할 수 있다. 또한 안전자산인 엔화를 저렴할 때 구입하므로 환차익을 꾀할 수도 있다. 이런 이유들로 아직까지 일본 부동산은 매력적인 투자처로서 손색이 없다.

02

수익의
세 마리 토끼를 잡다

부동산 투자로 수익을 낼 수 있는 방법에는 여러 가지가 있다. 내가 산 가격보다 비싸게 팔아서 매매 차익을 실현하는 것, 임대를 주면서 매월 월세를 받는 것, 땅값의 상승, 새 건물을 지어 차익을 얻는 것 등이다. 여기까지는 한국이나 일본이나 똑같다. 그런데 해외 투자자 입장에서 일본 투자에는 또 다른 수익이 하나 더 숨어 있다. 바로 환차익이다. 지금부터 하나씩 살펴보자.

일본 부동산에서도 시세 차익을 실현할 수 있을까? 이것은 앞서 이야기했던 저평가 가치와 맞물리는 부분이다. 잃어버린 20년으로 기억되는 일본 부동산. 과연 지금은 어떻게 되었을까? 버블 붕괴 이후 오를 기미가 보이지 않던 땅값이 조금씩 들썩이기 시작했다. 도쿄, 오사카 등 주요 도시의 땅값이 2013년부터 꾸준히 상승하고 있다. 도쿄23구의 공시지가는 2013년 이후 평균 3%씩 신장했고, 도쿄5구라고 불리는 주요 도심부인 신주쿠구, 시부야구, 미나토구, 주오구, 지요다구에서는 매년 평균 6%씩 올랐다. 중요한 것은, 7년 전과 비교해 6%가 오른 것이 아닌, '매년' 6%씩 올랐다는 사실이다.

그렇다면 오사카는 어떨까? 오사카는 일본 제2의 도시로, 한국인들은 흔히 부산과 비교를 많이 하는데 이는 오산이다. 오사카부의 인구는 900만 명으로 서울의 인구와 비슷한 수준이고, 경제 도시 중에서는 세계 3위에 오를 만큼 큰 대도시이다. 오사카부에 속한 오사카시 내에 오사카 3구라고 불리는 주오구, 기타구, 니시구의 경우 일본 국토교통성(한국의 국토교통부에 해당)에서 발표한 공시지가가 연평균 10%씩 올랐다. 이 10%라는 수치는, 매년 10%의 수익률만 낸다면 금세 부자가 될 수 있다는 속설도 있을 만큼 상징적인 수치인데, 오사카가 이 엄청난 수익률을 기록한 것이다.

그렇다면 땅값 말고 주택 가격은 어떻게 되었을까? 타워맨션이라 불리는 일본의 아파트 가격을 살펴보면, 역시 2013년부터 신축 아파트의 가격 강세가 계속되어 현재는 2013년 기준 40% 이상 오른 상태를 유지하고 있다.

실제 데이터가 말해주는 일본 부동산은 더 이상 '잃어버린 20년'

의 모습이 아니었다. 꾸준한 가격 상승으로 시세 차익을 기대할 수 있는 좋은 투자처가 되어가고 있었다. 물론 주요 도심을 벗어난 외곽의 경우 아직도 부동산 가격이 오르지 못하거나 오히려 떨어지고 있는 곳도 있기는 하다. 하지만 우리는 투자자다. 수익을 기대할 수 있는 곳에 투자하면 된다. 즉, 일본에 투자한다면 도심에 하면 되는 것이다. 한국 부동산 투자의 중심지가 서울이듯, 일본에서는 도쿄와 오사카다.

그렇다면 보유하면서 얻을 수 있는 수익은 어떨까? 일본에는 한국과 같은 전세 제도가 없다. 따라서 임대용 부동산을 사게 되면 무조건 월세를 받는다. 그러므로 예측이 쉽고, 투자금액 대비 수익률을 쉽게 계산할 수 있다는 것이 큰 장점이다. 수익률을 계산할 때는 얼마를 받을 수 있는지도 중요하지만 얼마를 투자하였는지가 더 중요하다. 투자금액이 적을수록 수익률은 오른다. 즉, 레버리지를 얼마나 많이 끌어올 수 있느냐 그리고 대출금리를 얼마나 싸게 받을 수 있느냐에 큰 영향을 받는다.

아베노믹스에 들어 일본은 시중에 돈을 계속해서 풀었지만, 일본인들은 가처분 소득이 늘어나도 그 돈을 그대로 은행에 예치했다. 오래전부터 근검절약이 몸에 배어 저축 성향이 매우 강한 일본인들은 현금을 가지고 있어야만 노후가 보장될 거라고 믿는 경향이 있기 때문이다.

이렇게 쌓여가는 현금을 보면서 은행은 무슨 생각을 할까? 한마

디로 '돈이 너무 많아서 문제'인 상황인데 말이다. 은행은 예금과 대출의 금리 차, 즉 예대마진으로 수익을 낸다. 예금이 이미 충분히 많은 상황이라면 결국 '제발 돈 좀 빌려가시라'고 대출받을 사람을 모집하지 않을까? 대출을 해줘야 대출이자를 받아서 은행의 수익을 만들어낼 수 있으니 말이다. 은행에서 개인과 기업에 더 많은 돈을 빌려주려고 하다 보니 은행끼리 경쟁이 심해져서 대출 금리가 내려가기도 한다. 지금 일본의 은행들은 가능한 한 '더 많이', '더 싸게' 돈을 빌려주려고 혈안이 되어 있는 상태다.

수익률이 5%인 임대용 부동산을 살 때 대출을 50% 받으면 수익률은 10%가 된다. 만일 대출을 80%까지 받는다면 수익률은 25%가 된다. 같은 월세라도 얼마나 많이 대출을 받느냐에 따라 수익률에 큰 차이가 나는 것이다.

대출을 받으면 당연히 대출이자를 내야 한다. 대출이자는 고스란히 빠져나가는 돈이므로 수익률에 즉시 영향을 미친다. 대출을 많

표1 **투자금액에 따른 수익률 변화**

(단위: 만 원)

대출	0%	50%	80%
투자금액 (실제 투자금액)	10,000	5,000	2,000
1년 월세 (명목수익률은 5%로 동일)	500	500	500
실질수익률	5%	10%	25%

→ 투자금액이 줄어들수록 수익률은 오른다.

표2 대출금리에 따른 수익률 변화

(단위: 만 원)

대출	50%	50%
투자금액 (실제 투자금액)	5,000	5,000
1년 월세 (명목수익률은 5%로 동일)	500	500
대출금리	4%	2%
1년 대출이자	200	100
실질수익 (월세-대출이자)	300	400
실질수익률	6%	8%

➜ 대출금리가 낮아질수록 수익률은 오른다.

이 받을수록 대출이자도 커지지만, 저렴한 금리로 대출을 받아 대출이자를 줄이면 대출 비중이 커지더라도 부담은 훨씬 줄어든다. 이처럼 대출금리는 수익률에 직접적인 영향을 준다.

일본의 부동산 대출은 대체로 담보 평가액의 60~80%가 나오고, 대출금리는 2%대이다. 한국에 비해 더 많이, 더 싸게 빌릴 수 있다. 그만큼 수익률이 올라가고 수익도 늘어난다. 즉, 레버리지 효과를 톡톡히 볼 수 있는 것이다. 이렇게 일본에서는 같은 투자금액으로 한국보다 훨씬 높은 수익률을 기대할 수 있다.

일본 투자에서 마지막으로 하나 더 기대할 수 있는 것은 바로 환차익이다. 현재 나는 일본 부동산에 투자하면서 분산투자의 효과를

한국과 일본에서 대출한도와 대출금리에 따른 수익률

(단위: 만 원)

	한국(투기과열지구 대출한도40%, 대출이자 5%)	일본(대출한도80%, 대출이자 2%)
투자금액(실제 투자금액)	50,000	50,000
매매 가능한 부동산 금액	83,333	250,000
1년 월세 (명목수익률은 5%로 동일)	4,167	12,500
대출금리	5%	2%
대출이자	1,666	4,000
실질수익(월세-대출이자)	2,501	8,500
실질수익률	5%	17%

→ 같은 돈을 투입하였을 때 일본에서 수익률이 더 높다.

얻고 있다. 분산투자라고 하면 보통은 부동산, 주식, 채권, 실물(금) 등 위험자산과 안전자산 또는 실물자산과 유동자산을 고루 나누어 보유하는 것을 말한다. 하지만 나는 내 투자 성향에 맞추어 비교적 안전자산이면서 실물자산인 부동산 내에서 분산투자를 한 것으로 볼 수 있다.

과거 데이터를 보면 세계 경제가 위기일수록 달러나 금 같은 안전자산은 강세가 된다. 위험을 회피하려는 투자자들의 돈이 기축통화인 달러나 실물가치를 가지고 있는 금으로 이동하는 것이다. 그런데 엔화는 준기축통화의 성격을 띤다. 축적된 자료를 보면 달러와 그 추세가 대부분 유사했다. 달러가 오르면 엔화도 함께 올랐고, 달러가 내려가면 엔화도 함께 내려갔다. 실제로 이번 코로나19 사태로 경제가 불안정해지자 환율이 널뛰기했고, 원화 대비 달러, 원화 대비 엔화의 환율이 초강세의 모습을 보인 적이 있었다.

나는 내 자산을 일본으로 옮겨둔 뒤 그곳에서 매월 엔화로 월세 수익을 얻고 있다. 차곡차곡 들어오는 현금을 엔화로 보유하면서 어느 정도 위기를 대비하는 효과를 얻는다. 환율의 변동이 5%라면 내가 가진 자산과 현금은 원화 기준 5% 올라간 가치로 머무르게 된다. 1~2%를 다투는 투자시장에서 환율의 변동만으로 수익률을 올릴 수 있다는 것은 꽤 매력적이다.

물론 경기 호황이 지속되고 서울 아파트 가격도 계속 올라준다면 한국 부동산에서도 이익을 얻을 수 있다. 다만, 이 가정과는 반대로 세계 경제 위기 등 외부 충격이 오게 되어 부동산 시장이 어려워지고 원화의 가치가 하락한다면 어떨까? 일본의 건물 가격에도 영향은 있겠지만, 그 대신 월세로 받고 있는 엔화의 가치가 상대적으로 올라갈 것이기 때문에 어느 정도 손실을 줄이는 효과를 얻을 수도 있다.

하지만 반대의 모습도 나타났다. 2022년 들어 일본 저금리 기조가 유지되면서 이전과는 다른 양상의 엔저 현상이 벌어지고 있다. 이럴 경우, 환차손이 발생할 수도 있다. 하지만 투자자 입장에서 환차손이 확실해졌다면 엔화를 원화로 환전하지 않으면 된다. 엔화는 일본 내에서는 동일한 가치를 유지하니 그 시장에 재투자하면 그만이다. 오히려 환율이 유리해졌기 때문에 엔화를 기존보다 더 많이 투입할 수 있다는 점은 종잣돈을 늘리는 데 도움이 된다.

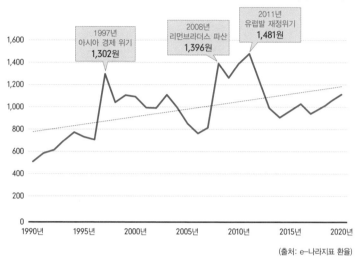

그림3 주요 경제위기와 엔 환율 그래프

(원/100엔 환율)

1997년
아시아 경제 위기
1,302원

2008년
리먼브라더스 파산
1,396원

2011년
유럽발 재정위기
1,481원

1,600

1,400

1,200

1,000

800

600

400

200

0

1990년   1995년   2000년   2005년   2010년   2015년   2020년

(출처: e-나라지표 환율)

  물론 이것은 나의 예측일 뿐이다. 몇 년 후의 한국 아파트 차익
에 비하면 일본에서 얻은 이익이 적을 수도 있고, 환율이 더 떨어져
반대로 환차손이 생길 수도 있다.

  하지만 레버리지를 활용한 10%가 넘는 수익률의 월세는 확정
수익이다. 이미 2019년부터 꾸준히 월세를 받았고 이는 고스란히
내 수익이 되었다. 그러면서 매월 받는 엔화는 환율에 대한 리스크
도 줄여주었다. 매월 분산해서 엔화를 보유한 셈이 되었기 때문이
다. 지난 3년의 월세 수익 중 일부는 한국으로 들여와 또 다른 자산
에 투자를 했고, 일부는 일본에 남겨두고 일본 내의 재투자를 위해
모으고 있다.

이렇듯 나는 일본 부동산 시장이 한국 부동산 시장보다 예측하기 쉽다고 생각한다. 이러한 이유들로 나는 서울의 아파트를 팔고 도쿄의 상가주택을 샀다. 꾸준히 오르고 있는 땅값과 주택가격, 더 큰 레버리지 효과, 엔화 보유를 겸하면서 나만의 투자 포트폴리오를 재구성했다. 하나의 투자로 세 마리 토끼를 모두 잡기를 기대하면서 말이다.

03

체계적이고
안전하다

　해외 부동산에 관심을 갖기 시작할 때 가장 먼저 드는 생각은 아마 '그게 가능할까?'일 것이다. 나 역시 그랬다. 일본 부동산 투자를 해보자고 마음먹고 나섰지만, 한편으론 정말로 할 수 있을지 의구심이 들었다. 걱정거리도 다양했는데 그중 가장 큰 걱정은 사기를 당하면 어쩌나 하는 것이었다. 원활하지 못한 일본어 실력, 전혀 알지 못하는 일본의 부동산 제도…. 모르는 것투성이인 초보자로서는 당연한 우려였다.

　하지만 일본 부동산 투자를 직접 경험해 본 지금은 자신 있게 말

할 수 있다. 일본에서만큼은 사기를 당하는 일이 거의 없을 거라고
말이다. 일본의 부동산 제도는 오랜 세월 동안 지속되어 빈틈없이
탄탄하고, 거래 당사자인 일본인들은 신뢰를 가장 중요하게 여긴다
는 특성이 있다.

거기다 일본의 부동산 제도는 한국과 꼭 닮아 있다. 거래 절차에
서부터 소유권 이전 등기, 심지어 등기부등본의 생김새와 용어조차
도 똑같다(한자만 읽을 줄 알면 일본어를 몰라도 직접 서류를 읽을 수 있
다). 서류 작성 절차가 무척 많고 돈과 관련된 대부분의 문서는 모
두 정부 공인을 받아야 한다(인지세 지급). 거래를 처리할 때에는 꼭
사법서사(한국의 법무사)가 동행하고, 등기 절차 역시 마찬가지이다.

또 가계약금을 넣지 않아도 되기 때문에 돈이 먼저 나갈 이유도
없고, 땅과 건물의 소유권이 모두 이전된다. 해당 문서 역시 법무국
에서 직접 떼어볼 수 있다. 이렇게 절차가 무척 꼼꼼하기 때문에 서
류 사기를 당할 일은 거의 없다고 봐도 된다.

일본은 신뢰의 사회라고 할 만큼 신용을 굉장히 중요하게 여긴
다. 사기를 치거나 부도덕한 일을 저질러서, 혹은 공적인 약속을 지
키지 않아서 신용이 한번 망가지면 그 사람은 일본이라는 사회에
다시는 복귀할 수 없다. 한국에서는 심지어 감옥살이를 하고 나온
사기꾼들마저도 활개를 치고 다니는 경우가 있을 만큼 사기 범죄가
만연한 데 비해, 일본에서는 사기 범죄율이 현저히 낮다. 2016년,
10만 명당 건수를 비교해 보면 한국이 일본에 비해 무려 16배에
이른다는 기사가 나오기도 했다. 사기 범죄율이 낮다는 건 내가 사

기를 당할 확률 또한 낮다는 걸 의미한다.

또한 일본에는 체계적인 부동산 관리회사가 존재한다. 부동산 주인과 계약을 맺은 관리회사가 임대인 대신 모든 일을 처리하는 시스템이다. 임차인의 계약이 만료되면 새로운 입주자를 모집하는 것, 임차인와 계약서를 작성하는 것, 월세를 납기일에 잘 받아다 주는 것, 임차인의 민원을 해결해 주는 것 등등. 임대용 부동산이라면 대부분이 관리회사를 두고 있어 일본 임차인들에게는 관리회사의 존재가 자연스럽다.

임대인과 임차인 간 연락은 껄끄러울 수밖에 없는 게 현실이다. 갑을 관계인 데다, 주로 부동산에 문제가 생겼을 때 연락을 하게 되기 때문이다. 그럴 때는 감정 섞인 대화가 오가기 쉽다. 하지만 제3자인 관리회사가 일을 처리해 준다면 서로 직접 대화하지 않아도 되기 때문에, 임대인은 좀 더 침착하게 상황에 대응할 수 있고 임차인은 좀 더 당당하게 원하는 것을 요구할 수 있다. 관리회사는 임대인과 임차인 사이에서 합당한 수준을 판단하여 객관적인 해결책을 제시하는 역할이다. 이렇게 관리회사의 존재는 계약과 관련된 사람에게 편익을 제공한다.

관리회사는 매월 1회 건물에 직접 방문하여 상태를 점검하는 일도 한다. 해외 투자자로서 건물에 자주 방문할 수 없는 나로서는 무척 안심되는 일이었다.

이렇게 일본에서는 임차인 관리도, 건물 관리도 전문적인 회사에

맡겨둘 수 있다. 관리회사 시스템이 잘 갖춰져 있다는 것은 일본 부동산 투자를 결정하는 데 중요한 판단 요소가 되기도 했다.

이렇게 일본 부동산에 대한 생각이 구체화되자, 더욱 욕심이 났다. 현금흐름이 사업가에 비해 턱없이 부족한 월급쟁이 신분이긴 하지만 그래도 안정적인 직장과 어느 정도의 종잣돈이 있었으며, 무엇보다 해외 투자에 대한 의지가 강했다. 분명 나 같은 사람을 위한 투자방법이 있으리라 생각했다. 그리고 결국은 결실을 맺었다.

내가 일본 부동산을 매입하던 2019년 당시, 한국과 일본은 한창 전쟁 중이었다. 경제 전쟁, 무역 전쟁, 역사 전쟁 등. 그리고 이 전쟁은 지금도 현재 진행중이다. 아마 한국과 일본은 앞으로도 긴장 관계를 유지할 것이다. 하지만 우리는 한국인으로서, 한국 경제의 일원으로서 일본과 일본 경제에 관해 깊이 생각해 볼 필요가 있다. 일본이 과거에 한국을 식민 지배하며 어떤 일을 했는지, 패망 후 어떻게 다시 경제를 일으킬 수 있었는지, 한국을 경제적으로 종속하게 된 이유는 무엇인지, 일본을 이용하여 한국이 더 잘살 수 있는 방법은 없는지 말이다. 일본의 잘못을 되새기는 것은 물론, 일본으로부터 얻을 수 있는 것, 일본보다 잘할 수 있는 것 등을 성숙하게 따지고 판단해야 한다.

이 책을 펼친 당신도 나도 투자자이다. 클릭 몇 번으로 전 세계의 주식과 국채를 살 수 있는 세계 자유 경제의 참여자로서, 과연 일본이라는 투자처가 수익을 낼 수 있는 곳인지 냉정하게 따져보

자. 뿐만 아니라 투자의 세계 또한 이기고 지는 것이 존재하는 전쟁이라고 본다면, 일본 현지에서 한국인이 이득을 취하는 것이야말로 승리하는 일 아닐까?

과거에 일본은 조선에 총과 칼을 들고 와서 영토를 지배하며 식민지화했다. 이제는 한국인인 우리가 자본을 들고 가서 일본의 영토를 내 것으로 만들 수 있게 되었다.

● 집│중│탐│구 ●

데이터로 확인하는
도쿄 부동산의 현재

1 **"일본은 인구가 줄어든다."** ➡ **"도쿄는 늘어나는 중!"**

일본은 인구가 감소하고 있는 대표적인 국가 중 하나다. 저출
산, 고령화의 그늘이 우리나라보다 약 20여 년 앞서 찾아왔고,
지금의 출산율로는 현재 일본의 인구 평균을 유지할 수 없다. 인
구 감소(가구의 감소)로 인한 부동산 경기의 하락을 예측하는 것
도 무리는 아니다.

하지만 중요한 사실은 따로 있다. 인구가 감소되더라도 도심
의 인구는 늘어난다는 것. 즉, 지방과 도심 인근에 머물던 사람들
이 도심으로 모여드는 현상이 더욱 심해진다는 것이다. 그러다
보니 도시의 효율적인 개발을 위한 도심 고밀도 개발 정책인 '콤
팩트시티'라는 용어가 탄생하기도 했다.

실제로 도쿄도는 1995년 이후로 계속해서 인구가 증가하고
있으며, 이 증가 추세는 2035년까지 이어질 것이라는 전망이 나

오기도 했다. 종전에는 2030년까지로 예상되었으나 도심 집중 현상이 심해지다 보니 5년 후로 더 밀리게 되었다.

그림4 대도시의 인구수 추이(예측)

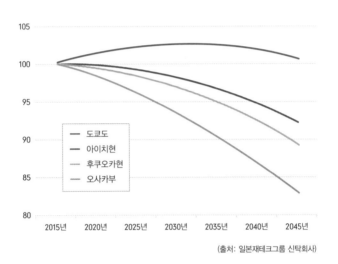

(출처: 일본재테크그룹 신탁회사)

표4 도쿄도(도쿄23구)의 인구수 추이

연도	1995.10.01	2000.10.01	2005.10.01	2010.10.01	2015.10.01	2020.10.01	2022.09.01
인구수	11,773,602	12,064,101	12,576,611	13,159,417	13,515,271	14,047,594	14,037,143

→ 5년 간격으로 봤을 때, 인구수가 평균 3%씩 증가하고 있다.

(출처: 일본 통계국)

2022년 최신 인구수 수치를 보면 이전보다 약간 감소했는데, 이는 코로나19의 영향으로 외국인 유입 제한, 텔레워크가 가능한 일부 직장인들의 전출 때문으로 보인다. 하지만 2022년 들어 다시 회복되는 양상을 보이고 있어, 곧 정상화가 될 것이라는 분석이 많다.

2 "잘나가는 기업이 없다?" ➡ "일본 상장기업의 시가총액은 세계 3위! 이 중 절반이 도쿄에 집중되어 있다."

한국인들이 가장 많이 하는 오해가 일본 기업들이 미국, 한국, 중국 기업들에 밀려 사정이 어렵다는 것이다. 일본 기업의 현실을 바로 보지 못하는 이야기들이 하루가 멀다고 쏟아지기 때문에 만들어진 생각일 것이다.

하지만 사실은 이렇다. 일본 상장기업의 시가총액JPX은 글로벌 3위고, 한국KRX(코스피·코스닥)은 15위이다. 일본 상장기업의 시가총액 1~10위 총합은 한국 상장기업의 동일 기준 약 2배이다. 이는 결국 아직도 일본에는 양질의 일자리가 많다는 뜻으로 해석할 수 있다. 규모가 큰 대기업의 수가 많으니 고용인원도 많고, 높은 수익을 거두는 회사가 많으니 그만큼 높은 임금과 안정적인 일자리가 제공된다.(출처: 연합뉴스, 2019년 11월)

사람들이 모여들게 하는 것은 결국 일자리이다. 이는 전 세계적으로 공통적인 현상이다. 한국에서 양질의 일자리가 가장 많이 있는 수도권(서울, 경기, 인천)과 두 번째로 일자리가 많은 경남(부산, 창원) 인구를 보면 알 수 있다. 미국 역시 우수한 일자리가 모여 있는 IT 실리콘밸리의 샌프란시스코, 세계 유수의 기업이 위

그림5 **도쿄도에 위치한 상장기업 수**

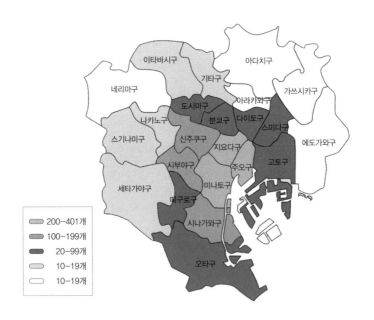

○ 200-401개
○ 100-199개
○ 20-99개
○ 10-19개
○ 10-19개

(출처: 일본재테크그룹 신탁회사)

→ 도쿄도에 위치한 상장기업의 수는 1,800여 개로, 주오구, 미나토구, 지요다구에 가장 많이 분포되어 있으며, 신주쿠구, 시나가와구, 시부야구가 그 뒤를 잇는다.

치한 댈러스, 세계 금융의 중심인 뉴욕이 그러하다.

도쿄 역시 마찬가지이다. 일본의 상장기업 3,600여 개 중 절반 이상이 도쿄에 있으며, 이 우수한 일자리에 종사하는 근로자들의 임금은 다른 지방의 임금과 평균 20% 이상 차이가 난다.

양질의 일자리가 있는 곳에 사람들이 몰리고, 사람들이 몰리면 자연스럽게 근방의 거주지와 오피스 수요가 늘어난다. 즉, 양질의 일자리는 부동산 가격을 끌어올리는 데 중요한 역할을 한다.

3 "올림픽 외에 호재가 있나?" ➡ "100년 동안 진행 중인 도심 재개발 사업이 있다!"

내가 일본 부동산을 구입하던 2019년에는 도쿄의 부동산 호황이 2020년 올림픽 때문이라는 분석이 많았다. 일본 현지의 부동산 관계자들조차도 '일본 부동산은 현재 고평가'라고 하며 나를 말리기도 했다. 물론 올림픽이라는 국제적인 행사는 도쿄 지역경제의 큰 수혜임이 분명했지만, 부동산 가격 상승의 원인이 꼭 올림픽이라는 하나의 요인 때문은 아니라고 생각했다. 결국 내 생각이 맞았다. 올림픽이 끝난 후로도 도쿄 부동산의 가격은 계속 상승하고 있기 때문이다. 그렇다면 왜 나는 도쿄 부동산 상승을 이렇게까지 굳게 신뢰했을까? 앞서 언급했던 이유들 외에도 또 다른 호재를 발견했기 때문이다. 그것은 바로 100년 동안 계속되고 있는 도쿄의 재개발 사업이다.

언젠가부터 '도시재생'이 핫 키워드이다. 낡고 오래된 것을 없애고 새로 만드는 것이 아닌, 기존의 기능을 유지하면서 효율적인 재생을 목표하는 것으로, 이는 부동산의 최신 트렌드다. 도시재생은 원주민들의 거주 안정을 보장하고 지역의 기존 기능을 유지하면서 유익한 영향도 주는 발전을 도모한다.

이 도시재생은 일본에서 먼저 시작된 사업이다. 제2차 세계대전 이후 일본의 모든 지역에서 급격한 도시화가 진행되었고 그 뒤로 약 40~50년이 지나자 건물과 주택 들이 오래되고 낡으면서 제 기능을 하지 못하게 되었다. 또한 자연재해가 많은 일본의 지역 특성상, 안전성이 확보되지 않은 건설로 인한 피해도 이어졌다. 이렇게 일본에서는 보다 일찍 압축적인 도시화가 진행되었고, 그로 인한 장점과 단점을 모두 겪으면서 단점 보완을 위한 사회적인 공감과 책임이 대두되었다.

사회 구성원들 대다수가 도심 생활에 익숙해지면서 단순한 수직화, 새것으로 만드는 신축 재개발에서 벗어나 도시와 산업의 기능을 동시에 지니면서도 문화를 향유할 수 있는 모습으로 탈바꿈시키려는 움직임이 나타났다. 이에 따라 2001년 도시재생사업이 탄생하게 된 것이다. 그 이후로 특히 도쿄의 각 구에서 활빌하게 도시재생사업이 펼쳐졌으며, 그 사례집이 80여 페이지에 달할 만큼 꾸준하고 다양한 사업들이 지속되고 있다.

2014년 이후 2020년까지의 도쿄도 내 개발사업은 총 325개이고, 면적 기준으로 80%는 신주쿠·시부야·미나토·주오·지요다 등 도쿄5구로 불리는 도심부에 몰려 있다. 낙후된 동네를 유명한 맥주 관광지로 변모시킨 에비스 가든, 에도시대를 재현한 니혼바시, 예전 모습을 그대로 유지하면서 호텔을 추가한 마루노우치역 등이 도쿄 도시재생사업의 대표적인 사례이다.

현재 재개발이 활발히 진행되고 있는 곳으로는 시부야역 주변의 최고층 빌딩(230m)과 긴자, 신주쿠 내 환승센터 개선과 일대 정비 사업, 니시신주쿠 재개발, 도라노몬(도쿄도 미나토구 북부에 위치한 지역)에 탄생할 제2의 롯폰기힐스 등이 있다.

개발은 부동산에서 호재이다. 특히 동네 일대를 완전히 새롭게 만드는 재개발 사업이나 새로운 지하철역 건설의 경우 더욱 좋은 시그널로 본다. 도쿄는 이런 대규모 호재가 중심부를 기준으로 쉴 새 없이 돌아가고 있다. 도쿄를 자주 가본 사람이라면 여러 동네의 모습이 바뀌고 새로운 지하철역과 노선이 생기고 끊임없이 건물이 올라가는 모습을 보았을 것이다.

도쿄의 도시재생은 중장기적 목표로 2020년 이후에도 계속 예정되어 있다고 한다. 작은 개발계획에서부터 대규모 개발계획까지, 도쿄를 더 가치 있고 오래 사용할 수 있는 도시로 만드는 일은 계속되고, 그만큼 부동산 경기 역시 활기를 유지할 것이다.(출처: 매일경제, 2017년 3월. 일본 국토교통부, 도시재생.)

2장

일본 부동산 투자에 첫발을 내딛다

01

파트너 업체 찾기

일본 부동산 투자를 하기로 마음을 먹었으니, 이제 가장 먼저 해야 할 일은 도쿄 부동산 매물을 연결해 줄 수 있는 부동산, 즉 공인 중개사를 찾는 것이었다. 일본 현지의 매물 정보를 알고 있으며, 실제 거주 목적이 아닌 투자 목적으로 일본 부동산을 사려는 사람들을 위한 곳이어야 했다.

포털 사이트에 '일본 부동산 투자'를 검색하자 여러 업체가 나왔다. 먼저 일본에서 실제로 거주할 집을 찾는 주재원이나 워킹홀리데이를 온 사람, 유학생을 주요 고객으로 둔 부동산 중개업체를 알아보았다. 찾아보니 한국인이 일본 집을 사서 한국인들에게 세를 주는 형태가 많은 듯했다. 의외로 해외 투자가 간단하게 풀릴 수 있겠다는 생각을 했다. 업체는 도쿄에 있었고, 일본인들이 소유하고 있는 부동산을 중개하기도 하고 한국인들이 일본의 부동산을 구매할 수 있게 연결하기도 했다.

일본인 임대인들은 외국인 임차인을 받지 않는 경우가 더러 있다고 한다. 그 탓에 일본에 거주하는 한국인들이 살 집을 구하기 쉽지 않을 때가 많다는 것이다. 이 중개소는 그런 불편을 덜어주기 위해 일본에 사무실을 차려 부동산 중개업을 하고 있는 것이었다. 거래 후기가 꽤 많이 있는 걸로 보아 장사도 잘되는 모양이었다. 나처럼 일본 현지 부동산을 사려는 투자자들을 위한 매물도 찾아줄 수 있다고 했다.

이 임대 형태의 가장 큰 장점은 한국인들끼리의 거래라는 것이다. 임차인은 한국인에게 집을 빌리게 되어 마음이 놓이고, 임대인도 월세를 받거나 소통을 할 때 더 편하다. 게다가 한국인만 소개해주는 전담 부동산이 있으니 공실 우려도 덜할 것이다. 현지에서 무작정 부동산을 찾아가 알아보는 한국인들도 있겠지만, 한국 포털에서 검색해서 알아보는 사람들, 한국인들과 소통하려는 사람들의 수요가 충분히 있을 테니 말이다.

하지만 주재원이나 워킹홀리데이를 온 젊은이 들은 오래 거주하지 않는다는 단점도 있다. 한국에서는 2년마다 임차인이 바뀌는 게 어색한 일이 아니지만 일본에서는 이사를 잘 하지 않는 일본인들의 특성상 임차인이 자주 바뀌지 않는다.

나는 이번 부동산 투자가 한국 밖의 넓은 세상을 경험해 볼 수 있는 투자이길 원했다. 이 임대 형태는 장점이 많아서 충분히 매력적이었지만, 처음부터 목표했던 '일본인에게 임대를 하고 일본 현지의 부동산 시장을 직접 체험하는 해외 부동산 투자'와는 달랐다. 그래서 아쉽지만 해당 업체와는 더 이상 일을 진행하지 않았다.

그다음에 찾은 업체들은 내가 생각했던 해외 부동산 투자에 적합한 매물을 중개해 주는 곳이었다. 일본 현지의 매물 정보를 가지고 있고 실제로 매매를 연결하고 계약에서부터 등기 이전까지 중개해 주는 일을 했다. 검색을 통해서 알아본 곳과 부동산 세미나에서 알게 된 곳까지 모두 세 군데였다. 이 업체들은 모두 서울에 사무실이 있었다.

우선 업체들과 만나서 나의 예산과 상황을 미리 알려주었다. 투자하고 싶은 매물이 어떤 것인지, 실제로 투자할 수 있는 현금은 얼마나 있는지, 앞으로 어떤 투자를 계속할 것인지 등, 자세하게 상담했다. 그동안 부동산 투자를 하면서 그 정도까지 모든 것을 밝힌 적은 처음이었다. 속을 훤히 내보이는 듯한 느낌이 들어 약간은 창피한 기분이 들기도 했다. 해외 부동산 세계에서는 거래되는 금액대가 매우 높다. 그러다 보니 내가 가진 5억 원이라는 돈이 무척 작아 보이고 왠지 모르게 위축이 되었다. 물론 마주앉은 상대방은 이런 마음을 몰랐겠지만 말이다.

자금 현황을 비롯한 모든 것을 공유하고 난 뒤, 업체들에게 현재 실제로 가지고 있는 매물 정보를 보여달라고 요청했다. 업체들은 모두 일본 현지의 부동산 협력 업체에서 매물 정보를 받고 있다고 했다. 일본 업체로부터 정기적으로 리포트가 오는 경우도 있고 특정 조건을 제시하면 맞춰서 제안을 주기도 한다는 것이었다.

투자를 할 때는 우선 내가 사고 싶은 부동산의 조건을 자세하게 뽑아놓는 것이 중요하다. '도쿄에서 5억 원으로 투자할 수 있는 부동산'이라고만 접근하면 수천 개의 매물이 나오기 때문이다. 그래서 어떤 물건을 원하는지 명확히 해두는 작업이 꼭 필요하다. 예산이야 어느 정도 정해져 있기 때문에 크게 고민할 것이 없지만, 도쿄인지 오사카인지, 도쿄라면 어느 지역인지, 아니면 어느 지하철역 근처인지, 주택인지 상가인지, 월세는 어느 정도 나오길 원하는지 등, 원하는 조건을 구체화시킬 수 있어야 한다. '수익률이 더 좋은 것, 땅값이 더 비싼 것'과 같이 모호하고 막연한 조건은 안 된다.

나는 다음과 같이 정리하여 업체들에 메일을 보냈다.

매물을 찾습니다.

① 도쿄 주요 입지(가능하면 도쿄5구의 수익형 매물)

② 준공 연도는 1987년 이후

③ 현금 예산은 5,000만 엔 전후

일주일 안으로

① LTV(주택담보대출 비율) 70%를 예상하여 위 조건에 맞게
취득할 수 있는 수익형 매물을 보내주세요.
② 은행 대출, 법인 설립 등 처리 과정을 면밀히 파악하여
도움을 주실 수 있는지 알려주세요.

백승 드림.
연락처: 000-0000-0000

메일을 보내면서 기대 반 걱정 반이었다. 과연 정말로 내가 원하는 일본 부동산을 살 수 있게 될까 하는 기대와, 투자금이 적어 업체들이 포기하지 않을까 하는 걱정이었다.

사실 상담했던 모든 업체에서 내가 가진 예산으로는 투자가 힘들 수도 있다는 말을 들었다. 레버리지를 최대한 활용한다고 한들, 일본 현지 은행에서 20억~30억 원 규모의 부동산에 과연 대출이 나올지 확신할 수 없다고 했다. 기존 고객들은 대부분 50억~100억 원대의 건물을 샀던 터라 나와 같은 도전은 그들에게도 처음이었고, 그래서 확신할 수 없었던 것이다. 그래도 찾으려는 시도는 해보자 싶어 포기하지 않았다.

일주일 후, 세 군데 중 두 군데에서 내가 제시한 조건과 유사한 건물을 목록화하여 보내주었다. 그들은 제한적인 정보를 가지고 매

물과 대출을 알아보다 보니 완벽한 형태의 제안을 주지는 못했지만, '잘하면 가능할 수도 있을 것 같다'는 답을 주었다. 만세! 역시 의지가 있다면 안 되는 일은 없나 보다 싶었다. 물론 아직 갈 길이 한참 멀었지만, 걱정했던 것보다 긍정적인 반응에 한시름 놓을 수 있었다. 고심 끝에 회신이 온 업체 중 한 군데를 머나먼 여정을 함께 할 파트너로 결정하고 컨설팅 계약을 맺었다.

해외 부동산 투자에서 컨설팅 업체의 역할은 단순히 매물 연결에서 끝나지 않는다. 이들은 일본의 여러 지역과 매물에 대한 인사이트, 일본 문화에 대한 이해, 일본 관계 거래처와의 거래, 각종 사무처리 업무 등 다양한 측면에서 컨설팅을 제공한다. 그래서 고객은 단순히 중개수수료(복비)만 지불하는 것이 아닌 매매 전반에 걸친 컨설팅 수수료를 내게 된다.

컨설팅 계약을 마치고 나니 투자 여정을 함께할 지원군이 생겼다는 것만으로도 마음이 든든했다. 이제 앞으로 내가 해야 할 일은 매물을 받아보고 꼼꼼하게 따져본 뒤 '잘 결정하는 것'뿐이었다.

그런데 일본은 여행으로만 자주 가봤지, 도쿄에서 어느 동네가 살기 좋은지 어느 역 근처가 비싼지 등, 부동산 투자에서 필수적인 요소인 입지에 대한 지식이 전혀 없는데…. 과연 내가 좋은 결정을 할 수 있을까? 걱정이 피어나기 시작했다.

바다 건너
시장 조사

가깝고도 먼 나라, 비슷한 듯 완전히 다른 나라. 일본을 소개하는 대표적인 문구이다. 비행기를 타고 두 시간 내외면 갈 수 있는 거리, 우리와 매우 비슷해서 익숙한 문화와 편리한 교통 등이 일본을 가깝게 느끼게 해준다. 하지만 단체보다 개인생활을 선호한다든지, 개개인의 개성보다 획일적인 태도를 중시한다든지 하는 이야기를 듣다 보면 매우 멀게 느껴지기도 한다.

그러면 부동산에선 어떨까? 일본인들도 역세권을 좋아할까? 학군이 중요할까? 대단지 아파트를 선호할까? 한국인들과 비슷한 지점이 있을지, 아니면 완전히 새로운 관점으로 짚어봐야 할지 궁금해졌다. 그런데 나는 일본에 살았던 경험은커녕 현지에 살고 있는 친한 지인조차 없었다. 일본어도 잘하지 못했다. 일본 여행을 자주 다니긴 했지만, 여행지의 모습만 알고 있을 뿐이었다. 말 그대로 '맨 땅에 헤딩하기' 수준의 시작이었다.

포털 사이트에 '일본 부동산 투자'로 검색을 해보았지만, 검색 결과는 충분치 않았다. 오히려 실망을 안겨주는 경우가 많았다. 일본 경제에 관한 부정적인 기사나 논평이 어찌나 많던지 한국 사이트에서 일본 관련 키워드를 찾아보지 않는 것이 내 정신 건강에 도움이 되겠다 싶을 정도였다.

도대체 일본 부동산에 관한 보다 객관적이면서도 신뢰도 높은 정보를 어디에서 얻을 수 있는 걸까? 토종 한국인인 내가, 바다 건너 한국에서, 순수 투자 목적의 정보를 찾으려면 말이다.

제일 처음 접속한 곳은 야후 재팬이었다. 우리나라에 네이버가 있다면 일본에는 야후가 있다. 야후 재팬은 일본에서 가장 큰 포털 사이트로 각종 웹사이트, 뉴스, 엔터테인먼트 등 다양한 정보를 찾을 수 있는 곳이다.

당연히 야후 재팬의 모든 화면은 일본어로 되어 있지만, 파파고 사이트 번역 기능이나 크롬 번역 기능을 사용하면 한글로 번역된 화면으로 볼 수 있다. 종종 어색한 단어로 번역되거나 문장이 깨지기는 하지만, 전체적인 맥락을 파악하는 데에는 전혀 무리가 없다.

또한 주제별로 브라우징을 하면서 정보를 살펴볼 수도 있지만, 궁금한 단어들을 직접 키워드로 검색할 수도 있다. 검색하고 싶은 키워드를 번역 사이트나 앱에서 일본어 표현으로 바꾼 다음, 검색 창에 붙여넣기 해 하나하나 검색해 보았다. 예를 들어 '도쿄의 살기 좋은 동네'를 일본어로 번역한 뒤 검색하여 잡지 칼럼이나 부동산 웹사이트의 설문조사 글을 읽었고, '출퇴근이 편리한 지하철 노선'을 번역, 검색하여 블로그 포스트를 읽어보거나 노선도 이미지 등을 살피기도 했다. 처음에는 어떤 검색어를 입력해야 할지, 어떤 부분을 읽어야 할지 잘 몰라서 난감했지만, 꾸준하게 반복하다 보니 속도도 빨라지고 정보도 금방 찾아낼 수 있게 되었다.

매물 정보를 본격적으로 받기 시작하면서 지금까지 찾아서 읽어 보았던 신문기사나 여러 글 외에 현지 사람들의 '진짜 목소리'를 들어보고 싶어졌다. 단순한 사실을 넘어 현지에서 바로 지금 일어나는 일이나 사건, 분위기 등을 알 수 있는 생생한 이야기를 말이다. 야후 재팬에서 트위터에 올라온 내용도 검색할 수 있긴 하지만 트윗 문장은 140자라는 제한이 있어 워낙 짧기도 하고 긴 흐름을 가지고 보기에는 역부족이었다.

내가 원하는 정보가 넘쳐날 만한 곳이 떠올랐다. 바로 지역 맘카페다! 지역정보를 얻는 데 맘카페만한 곳이 있을까? 한국에서 아파트 투자를 할 때도 정보가 많지 않은 아파트 단지를 알아보기 위해서는 일단 그 지역의 맘카페부터 검색하곤 했다. 맘카페는 엄마들이 직접 의견을 교류하는 곳이기 때문에 해당 지역에 대한 알짜 정보가 넘쳐난다. 살아봐야 알 수 있는 장단점, 실제로 일어나고 있는 모든 일이 맘카페에 생생하게 담겨 있다.

일본에 살고 있는 한국인 엄마들의 카페를 찾았다. 바로 네이버 카페 '일본맘'이다. 나는 도쿄의 여러 동네에 대한 세세한 정보를 대부분 이 카페에서 얻었다. 물론 한국인들의 이야기이기 때문에 현지 일본인들의 생각과는 다를 가능성이 크긴 하다. 하지만 일본인들의 생각은 내가 일본인이 되지 않는 이상 완벽히 이해하는 것 자체가 불가능할 것이다.

매일 한 번씩 카페에 접속하여 새로 올라오는 글을 확인하는 게 습관이 되다 보니 시간이 날 때마다 카페를 둘러보게 됐다. 카페에 접속해서 특정 동네나 지역에 대한 정보를 얻을 때는 한두 개의 글만 읽어보는 게 아니라 10년 전 글까지 확인해 가면서 그 동네에 대한 이미지를 머릿속에 그려보기도 했다.

또 다양한 질문 글들을 통해 알짜 정보들을 모았다. 이를 테면 이런 식이다. "이사하려고 하는데 이 동네는 어떤가요?"라는 질문에서는 동네에 대한 평판을, "30년 된 맨션의 월세는 대략 얼마 정도가 적정한가요?"라는 질문에서는 합당한 임대료 시세를, "시부야로 출퇴근하기 좋은 동네를 추천해 주세요"와 같은 질문에서는 직주근접이 가능한 주택가를 알 수 있었다.

실제로 그 동네에 사는 사람들이 선호하는 것이 무엇인지, 어떤 것이 불편한지, 새로 이사 가고 싶어 하는 곳이 어디인지 등과 같이 여러 지역의 장단점을 파악하기에도 유용했다.

　필요한 정보를 빠르게 찾아내기 힘들었던 예전에는 해외에 투자하다가 사기꾼에게 당했다는 소식을 심심찮게 들을 수 있었다. 하지만 이제는 대부분의 정보들이 온·오프라인의 여러 매체를 통해 투명하게 공개되어 있다. 개인도 다양한 루트를 통해 직접 확인하고 검증할 수 있기 때문에 다방면으로 꼼꼼히 확인하기만 한다면, 오히려 사기를 당하기 어려운 세상이 되었다. 이제는 예전처럼 외국어를 모른다고 해서, 심기어 사기꾼이 작정하고 거짓 문서를 만들어 들이민다고 해서 '덮어두고 속임 당하는' 일도 거의 없다. 이렇게 보면 지금이 바로 해외 투자를 하기에 최적의 시기일지도 모른다.
　참고로 현재 나는 일본 부동산 투자에 관심이 있는 사람들과 개인 투자자들을 위해 일본 부동산에 대한 정보를 모아둔 블로그를 운영하고 있다. 나와 같은 어려움을 겪는 이들에게 도움이 되기를 바란다.

03

투자 세미나를
찾아다니다

매년 여름부터 가을쯤까지 경제 신문이나 일간지 주최로 규모가 큰 부동산 세미나가 열린다. 세미나에서는 여러 분야의 부동산 전문가들이 그해 부동산 투자 현황이나 앞으로의 전망에 대한 강의를 하고 가끔은 특정 주제에 대해 발제하기도 한다. 발제 주제는 건축부터 은퇴자금 마련까지 다양한데, 2019년 가장 뜨거웠던 키워드는 바로 '해외 부동산'이었다.

이전에도 규모가 큰 부동산 세미나에는 항상 북미 지역의 부동산 투자 컨설팅 부스가 있긴 했다. 북미 지역 투자는 미국이나 캐나

다에 영주권을 얻으려는 사람들이 주로 관심을 둔다. 아메리칸 드림을 꿈꾸거나 자녀 양육, 해외 취업 등을 위해 투자 이민을 하려는 사람들이다. 그래서인지 그동안 한국인들에게 해외 부동산 투자는 대부분 미국, 캐나다에 영주권을 얻기 위한 투자 이민의 수단으로 생각되었다.

약 3~4년 전부터는 베트남, 캄보디아, 인도네시아 같은 개발도상국 부동산 투자가 유행하기 시작했다. 이곳들의 경제성장률은 연 6~7%로 굉장히 높은 상태이다. 폭발적인 경제성장의 이면에는 항상 건설과 부동산이 있는 법. 부동산 거래량도, 매매 가격도 매년 올라가고 있고, 외국인의 투자 비중 역시 꽤 높은 편이다. 이제는 한국 부동산 투자자들의 포트폴리오에 개발도상국 투자가 포함될 정도로 대중적인 주제가 되기도 했다.

그러다가 2019년 '일본'이 등장했다. 일본에서도 도쿄와 오사카 지역을 중심으로 하는 크고 작은 부동산 세미나가 여기저기 열리기 시작했다. 나와 비슷한 생각을 하는 사람들이 늘어나는구나! 기쁜 마음에 일본 부동산을 주제로 한 세미나에 모두 등록해서 들으러 다녔다.

일본 부동산 세미나는 생각보다 많은 사람으로 북적거렸다. 전반적인 일본 부동산 경기에 대한 개괄 설명과 실제 사례, 업체 광고 등을 접할 수 있었고, 세미나가 끝난 후에는 신청자를 대상으로 한 개별 면담까지 받을 수 있었다.

세미나에 참석한 사람들은 매우 열의 넘쳐 보였다. 현장감 가득한 질문들도 접할 수 있었는데, 예를 들면 일본에서 유학하고 있는 아들에게 집을 사줄 수 있는지, 일본에서도 투자 이민으로 영주권을 받을 수 있는지 등등이었다. (이 질문에 대한 답을 짧게 하자면 미성년, 성년 상관없이 자녀에게 집을 사줄 수 있다. 또한 일본에는 이민 제도가 없지만, 여러 방법으로 비자 취득이 가능하기 때문에 일정 기간이 지나면 영주권을 얻을 수 있다.)

오사카 지역을 설명해 주는 한 글로벌 부동산 브랜드 회사에서 주최한 세미나에서는 일본 현지의 부동산 업체 사람들이 직접 등장하여 실제 매물에 대한 브리핑을 하기도 했다. 한국어를 더듬더듬 하던 일본인 직원은 최근 한국인들의 투자 문의와 실제 투자 사례가 늘고 있다고 했다. 그는 수백억대에 이르는 큰 건물들의 거래를 예시로 들면서, 일본 부동산이 한국 자산가들에게 인기 있는 안전 자산으로 받아들여지고 있다는 말을 덧붙였다. 내 생각이 자산가들의 생각과 맞닿았다는 사실에 괜스레 으쓱해졌다.

도쿄 지역을 설명해 주는 업체의 부스에서는 개별 면담을 받았는데, 그곳에서 보다 구체적인 매매 절차에 관해 들을 수 있었다. 특히 외국인이 일본에서 대출을 받을 수 있을까 하는 질문에 쉽고 딱 떨어지는 대답을 얻었다. 답은 '가능하다'이다. 하지만 조건이 하나 있었다. '법인으로 가능하다'였다.

'개인으로는 대출이 역부족이니 법인으로 투자하면 되겠구나. 왜 이 생각을 하지 못했을까?' 사실 나는 한국에 부동산 투자를 위해 설립한 법인이 있었다. 같은 개념이었다. 한국에서 개인 신분으로 제한이 걸리거나 규제가 있는 부분을 법인 투자로 어느 정도 해결할 수 있는 것처럼, 일본도 마찬가지였던 것이다. 국경을 넘어갔다고 해서 원리가 달라지진 않는다는 큰 깨달음을 얻었다.

여러 세미나를 돌아다니며 법인 대출과 같이 몰랐던 정보도 얻고, 일반 투자자들의 여러 가지 실제 반응도 살펴보았다. 특히 투자자들이 열의를 갖고 질문하는 모습, 좋은 투자처를 찾으러 이곳저곳을 알아보는 태도가 나에게 큰 귀감이 되었다. 이렇게 많은 사람이 투자할 곳을 찾기 위해, 또 실행하기 위해 부지런히 움직이는구나. 규제 탓, 시간 탓을 하며 잠시 투자에 안일해졌던 나 자신을 반성하는 시간이 되기도 했다.

04

머릿속에
지도를 넣다

오래전부터 도쿄 여행을 즐겨 다녔다. 여행 횟수로만 치면 국내
의 유명한 여행작가나 칼럼니스트 못지않을 자신이 있을 정도이다.
주요 관광지나 유명 스폿은 거의 꿰뚫고 있고 각지로 이동하는 방
법이나 가는 길도 훤히 알고 있다.

하지만 여행지로서의 도쿄와 부동산 투자처로서의 도쿄는 다르
다. 내가 알아야 할 정보는 더 재미있고 맛있고 화려한 곳이 어디인
가가 아닌, 더 살기 좋고 땅의 가치가 높고 투자처로서 매력 있는
곳이 어디인가였다. 지도를 보지 않고도 도쿄타워, 롯폰기힐스, 긴

자식스를 찾아갈 수 있다는 건 부동산 투자에 별 도움이 되지 않는다. 나에게 필요한 정보는 어느 동네가 어느 구에 있고, 주요 업무지구와는 얼마나 떨어져 있고, 지목과 용도구역은 무엇이고, 행정구역의 경계선이 어디에 있는지 등등이다.

정보를 얻기 위해 지도를 살펴보기로 했다. 일단 인터넷에서 도쿄23구의 지도를 다운로드받아 A4용지에 출력해 보았다. 지도 위에 얹힌 글씨가 너무 작아 뭐라고 쓰였는지 보이지 않았다. 이 지도로는 도쿄가 어떻게 생겼는지 정도만 알 수 있을 뿐이었다. 이래서는 무리였다.

이번에는 인쇄소에 가서 A2용지에 출력해 보았다. A2 사이즈는 A4 사이즈의 4배이다. 당연히 잘 보일 거라고 예상했지만 받아 든 내용물은 처참했다. 화질이 엉망이었기 때문이다. 그 뒤 야후 재팬에서 고화질로 된 지도를 검색했지만 내 목적에 딱 맞는 지도는 찾을 수 없었다. 이제 남은 방법은 현지에 가서 구하는 것뿐이었다.

도쿄에 가서 임장을 하다가 잠시 시간을 내 유라쿠초(도쿄도 지요다구의 번화가)에 있는 대형 서점을 찾았다. 커다란 서점을 돌아다니며 혼자서 지도를 찾아봤지만 쉽게 찾을 수 없었고, 결국 직원에게 더듬더듬 물어보았다. 직원은 어디론가 나를 안내했고 마침내 여행서적 코너 근처에 있는 지도 코너에 닿게 되었다.

세상에. 지도책이 한쪽 벽면을 가득 채우고 있었다. 한 장짜리 대전도에서부터 세세한 내용까지 볼 수 있는 대축척 지도까지, 정말 다양한 종류의 지도들이 그곳에 있었다. 종류가 너무 많아 고르기 힘들 정도였다. 조금 살펴보다가 나의 용도에 맞게 도쿄23구를 한눈에 볼 수 있는 지도와 각 구를 1~2페이지 정도로 볼 수 있는 요약 지도 모음집, 지목과 용도구역 등 경계선이 보기 좋게 표시되어 있는 지도를 샅샅이 찾기 시작했다.

시간이 얼마나 흘렀을까? 한참을 고른 뒤 시계를 보니 시간이 꽤 흘러가 있었다. 그때 내가 고른 지도책은 다음과 같다.

- 1:60,000 축척의 도쿄23구 전도
- 도쿄의 JR라인, 송철, 지하철, 모노레일 등 모든 철도와 지하철 노선도가 적혀 있는 교통지도
- 1:5,000 축척의 도쿄23구 지도

1:60,000 축척의 도쿄23구 전도는 한 장짜리이다. A1 사이즈 정도로 엄청 크다. 도쿄23구를 한눈에 볼 수 있어 각 구의 대략적인 위치를 쉽게 파악할 수 있다.

그다음은 도쿄의 교통 지도인데, 이 지도는 필수다. 지하철 노선도의 경우, 지하철역이나 인터넷에서 쉽게 얻을 수 있을 것 같겠지만 의외로 구하기가 힘들다. 왜냐하면 일본의 철도회사는 민영회사라서 각 철도회사의 노선도에는 그 회사의 노선만 그려져 있기 때문이다. 도쿄메트로가 발행한 노선도에는 도쿄메트로의 노선만, JR에서 발행한 노선도에는 JR의 노선만 나와 있는 식이다. 서울 1~9호

선이 함께 그려져 있는 노선도를 쉽게 찾을 수 있는 우리나라와는 다르다. 따라서 모든 지하철 노선도를 한눈에 볼 수 있는 교통 지도책이 꼭 필요하다. 내가 고른 책은 한 장짜리 큰 사이즈의 지도와 각 노선도가 세세하게 그려진 지도책이 함께 들어 있어서 유용해 보였다.

1:5000 축척의 도쿄23구 지도책으로는 각 동네의 도로나 시설 현황을 찾아보기에 좋다. 구글 지도에도 이 내용이 잘 나와 있지만 아무래도 화면이기 때문에 조금 불편하다. 거리를 아주 근접하게 보는 화면에서는 유용하지만 그 범위를 조금 넓히거나 좁힐 때 손가락 컨트롤이 잘 안 될 때가 많았다. 하지만 지도책이 있으면 이런 불편이 줄고, 일정한 축척으로 그려져 있어 동일 기준으로 건물이나 역 간 거리를 가늠하기 좋다. 이렇게 보다 보면 머릿속에서 개념을 잡기가 훨씬 수월해진다. 또한 앞뒤 장을 넘겨보면서 바로 근처에 있는 시설물이나 편의시설을 찾아볼 수 있고 근방에 버스정류장이 어디에 있는지 쉽게 알아볼 수 있다.

지도책 세 권은 임장은 물론 매매하는 과정 내내 아주 유용하게 쓰였다. 1:5000 축척의 지도책은 임장을 갈 때마다 항상 들고 다녔고, 한 장짜리의 큰 지도는 집 한 쪽 벽에 붙여두고 수시로 살펴보았다. 임장을 다녀온 뒤에는 이 큰 지도 위에 위치를 표시해 두고 포스트잇에 매매 가격, 면적, 공시지가 등등 간단한 정보를 써서 붙여놓았다. 포스트잇 덕분에 임장을 다녀왔던 물건들이 도쿄에서 어디쯤에 위치하는지 한눈에 알아볼 수 있게 되었고, 각각의 대략적인 시세를 파악하는 데 큰 도움을 얻기도 했다.

한국에서 투자를 할 때 익숙하지 않은 동네를 파악하기 위해 모니터에 지도 화면을 늘 띄워두고 수시로 손품을 팔아 위치와 입지를 공부했던 것처럼, 바다 건너 도쿄 지역에도 똑같이 신경을 많이 쓰고 관심을 두려고 했다. 서울에서 '무슨 동'이라고 들으면 "아, 거기!" 하고 대강의 위치가 그려지듯이 일본의 지역에 대해서도 최대한 익숙해져야 했다. 이를테면 아라카와구라고 했을 때 위치가 어디쯤인지, 특징이 무엇인지 등등을 바로 떠올릴 수 있게 말이다(아라카와구는 다이토구 바로 위에 있는 대표적인 주거지이다. 도쿄 중심부로 출퇴근을 하는 사람들의 거주 선호도가 높은 동네이다).

한 번도 살아보지 않은 도쿄에서 각 지역의 위치를 바로바로 떠올린다는 것은 처음엔 거의 불가능한 일이었다. 하지만 이렇게 지도를 붙여두거나 가지고 다니면서 수시로 눈에 노출시켰더니 서울 용산구 위쪽에 중구가 있다는 것을 알 듯 다이토구 위쪽에 아라카와구가 있다는 것을 자연스럽게 떠올리게 되었다. 이렇게 대략적인 지도를 머릿속에 그릴 수 있도록 만드는 연습은 해외 투자자들에게 큰 도움이 될 것이다.

● 집 | 중 | 탐 | 구 ●

컨설팅 회사 및
유용한 인터넷 커뮤니티

1 컨설팅 회사는 어떤 곳일까?

일본 부동산 투자를 중개하는 컨설팅 업체는 매물 중개, 계약, 잔금, 이전에 이르기까지 대부분의 업무를 담당한다. 이에 대한 수수료는 업계 평균 약 3~5%(부가세 별도)로 형성되어 있다. 다만 계약 내용에 따라 해외 출장비나 번역비 등은 별도 청구될 수 있으므로 사전에 확인하는 것이 좋다.

일본 현지의 부동산을 이용한다면 수수료는 얼마일까? 보통 우리가 '복비'라고 부르는 부동산 중개수수료는 매매 가격에 따

표5 일본 현지의 부동산 중개수수료

매매 가격	중개수수료
200만 엔 이하	매매 가격 × 5% + 소비세
200만~400만 엔	매매 가격 × 4% + 소비세
400만 엔 이상	매매 가격 × 3% + 소비세

라 요율이 달라진다. 우리와 같은 투자자들에게 주로 해당되는 금액인 400만 엔 이상의 경우 3%이다.

2 유용한 인터넷 커뮤니티

1) 스모suumo(https://suumo.jp/)

일본인들이 가장 많이 사용하는 부동산 사이트이다. 월셋집을 구하거나 직접 부동산을 매매할 때에도 자주 사용하는 곳이다. 한국의 네이버 부동산 서비스와 비슷하다고 생각하면 된다. 이 사이트에서는 지역별, 주택 유형별로 임대용, 매매용 부동산을 찾을 수 있고 특히 특정 지하철역을 기준으로 근처의 매물 정보를 편리하게 확인할 수 있다.

스모에서는 실제 매물 정보뿐 아니라 여러 지역에 관련한 최신 정보, 각종 부동산 용어 설명집, 실제 부동산 투자자들의 칼럼, 일본 대중의 삶에 대한 각종 정보 등, 투자에 참고할 만한 다양한 자료를 확인할 수 있다. 현지 부동산 상황의 전반적인 정보뿐 아니라 일본인들의 인식, 선호도 등을 파악하기 좋다.

유사 사이트

- 야후 재팬 부동산(https://realestate.yahoo.co.jp/)
- 앳홈(https://athome.co.jp/)

• 리하우스(https://www.rehouse.co.jp/)

• 借りる, 賃貸: 임대(월세 매물 찾기)

• 買う: 매매(매매용 매물 찾기)

• 建てる: 건축(유휴 토지에 신축을 의뢰하는 것)

• リフォームする: 리모델링(실내 리모델링, 내진 설계 리모델링 등)

• マンション: 맨션(한국의 아파트)

• 一戸建て: 잇코다테(단독주택)

• エリアから探す: 지역으로 찾기

• 沿線·駅から探す: 연선, 역으로 찾기

• 地図から探す: 지도로 찾기

• 戻る: 뒤로가기

• 次に: 다음으로(뒤페이지)

2) 노무코무 프로nomukomu pro(https://www.nomu.com/,
  https://www.nomu.com/pro/, https://www.nomu.com/
  machikara/)

노무코무 역시 부동산 임대 정보, 분양 정보, 지역 정보, 뉴스
등 부동산 임대와 매매 관련 정보가 있는 사이트이다. 이 사이트
의 좋은 점은 부동산 투자자들을 위한 투자용 사이트가 따로 있

다는 것이다. 바로 '노무코무 프로'로, 금액대별, 수익률별 매물 정보와, 부동산 투자자들이 알아두면 좋을 각종 정보, 최신 뉴스 기사, 부동산 투자 관련 각종 지식을 제공한다. 투자자 입장에서 매물을 검토하기가 타 사이트보다 편리한 편이다. 노무코무 프로 에서 연재하고 있는 '길 따라街から'라는 지역 정보 칼럼은 지하철 노선, 상권, 임대 선호도 등을 기준으로 각 지역, 동네 정보를 제 공하며, 특히 재개발 사업 예정지나 사업 진척 상황 등의 정보도 업데이트되고 있다. 나처럼 일본 지역에 대한 정보가 거의 없는 경우, 어떤 동네에 무슨 특징이 있고 일반 대중들 사이에서 어떤 이미지를 가지고 있는지 감을 잡기 힘든 경우, 재개발, 건물 신축 등 부동산 개발이 활발하게 진행되고 있는 곳이 어디인지 알아 보고 싶은 경우에 활용하기 좋은 유용한 정보들이 많이 모여 있다.

3) 야후 재팬(https://www.yahoo.co.jp)

야후 재팬은 일본에서 가장 많이 사용되는 포털 사이트로 키 워드 검색에서부터 뉴스, 생활 정보, 엔터테인먼트, 쇼핑, 여행 등 말 그대로 모든 주제의 정보를 연결해 준다. 야후 재팬에서는 외 국어 버전의 웹을 제공하지는 않지만, 파파고 웹사이트 번역, 구 글 크롬 번역 서비스를 사용하여 손쉽게 자동 번역한 화면으로 탐색할 수 있다.

4) 라쿠마치(https://www.rakumachi.jp/)

부동산 투자자들만을 위한 사이트로 조건별 수익형 부동산 찾기, 관심 물건 제안 받기 등의 기능으로 편리하게 투자 물건을 탐색할 수 있다. 투자자들을 위한 칼럼, 업계 뉴스, 현지 투자자들의 칼럼 등을 풍부하게 보유하고 있어 전문적인 투자 정보를 알아볼 수도 있다. 또한 '라쿠마치 상담실'이라는 회원 간 묻고 답하기 메뉴가 있어 투자 과정에서 실질적으로 필요한 정보를 손쉽게 찾아볼 수 있고, 궁금한 내용은 직접 질문을 올려 답변을 받을 수도 있어 유용하다.

3장

도쿄로 가는
임장 여행

01

해외 부동산
임장하기

부동산은 발로 뛰어야 한다. 발품을 들인 시간이나 노력만큼 수익이 돌아오는 게 부동산 투자이기 때문이다. 부동산 투자자들은 반드시 직접 현장에 가서 매물의 상태나 주변 분위기를 살펴보고, 교통편, 주변 환경 등을 몸소 체험해 본다. 이것을 '임장'이라고 하는데, 사실상 부동산 투자에 있어서 가장 중요한 단계이다. 사람들이 그곳에서 어떻게 살아가는지 직접 눈으로 보면서 내가 예상했던 대로인지 판단하는 것이다.

그런데 해외 투자는 국내 투자처럼 자주, 아무 때나 부동산 임장을 갈 수 없다는 현실적인 어려움이 있다. 마음에 드는 부동산이 나타나도 당장 가볼 수 없어 답답하다. 출국 날짜를 기다리다가 물건이 들어가 버릴 수도 있고, 임장을 끝내고 귀국을 했더니 물건이 팔려 있을 수도 있다. 실제로 나도 마음에 드는 매물을 며칠 사이에 놓친 적이 있었다.

어려움이 수없이 많았지만 그래도 나는 꿋꿋이 마음에 드는 매물이 나올 때마다 도쿄로 향했다. 당장 내일 출발해야 하거나, 단 하루 정도만 머무는 일정이라도 강행했다. 몸이 힘들고 괴로운 것은 전혀 문제가 되지 않았다. 말 그대로 '뭣이 중한디'의 마음가짐이었다. 제일 중요한 것은, 잘 모르는 일본 부동산이라는 세계에 내 전 재산을 넣는 과정에서 실수가 있어서는 안 된다는 사실이었다. 그 밖에 다른 것들은 부차적인 것이었다.

처음에는 평소 여행을 가던 것처럼 가벼운 마음으로 떠났다. 매물 3개를 아침에도 보고 저녁에도 보고, 평일에도 보고 주말에도 보면서 같은 곳을 여러 번 왔다 갔다 했다. 그런데 임장이 두 번, 세 번, 네 번, 다섯 번 계속되면서 몸도 마음도 지쳐갔다. 더욱이 실망스러운 매물만 보고 올 때는 그렇게 허탈할 수가 없었다. 임장 여행의 여정이 중간쯤 지났을 때에는 즐거움은커녕 피곤함과 고됨만 느껴질 뿐이었다. 이러다가 영영 매물을 못 찾는 것은 아닌지 불안하고 조급해지기도 했다. 8월 한여름에는 뙤약볕 아래서 버스를 기다리고, 여러 번 지하철을 갈아타면서 파김치가 된 채로 걸어 다녔다. 하얗던 피부는 어느새 새까맣게 그을렸고, 몸무게도 몇 킬로그램이

나 빠졌다.

힘들었던 만큼 좋은 물건을 빨리 발견했다면 정말 좋았겠지만, 부동산 투자가 그렇게 쉬운 일은 아니었다. 잔뜩 기대를 안고 도착한 건물에서 마주하는 실망감과 허탈함이란…. 여러 번 겪다 보면 익숙해질 법도 한데 쉽사리 익숙해지지 않았다.

해외로 임장을 다니는 일은 생각보다 고되다. 금방 몸과 마음이 지친다. 그럼에도 이 과정은 가장 중요하게 여겨져야 하고 여기에 최선을 다해 임해야 한다. 임장을 제외한 모든 절차는 말 그대로 '절차'일 뿐이다. 가장 중요한 것은 좋은 매물을 찾는 것 그리고 매물이 나타났을 때 내가 원하는 물건이 맞는지 정확히 확인하는 것이다. 임장은 이를 위해 오감으로 실사하는 과정이다.

임장을 할 때는 대중교통을 이용하는 것이 좋다. 해당 부동산에서 실제로 생활하는 사람들이 대중교통을 얼마나 편리하고 빠르게 이용할 수 있는지 체감하기 위해서이다. 당연히 도쿄에서도 대중교통을 이용하여 임장을 다녔다. 처음에는 도쿄에 도착하자마자 교통카드에 3,000엔씩 충전하여 다녔는데 워낙에 이곳저곳 다니다 보니 금세 바닥이 나버려 나중에는 1만 엔씩 충전하기도 했다.

지금부터 이번 투자를 위해 약 4개월간 검토한 20여 개의 건물 중 가장 기억에 남았던 매물을 몇 가지 소개해 보겠다.

02

하루 만에 놓친 첫사랑
: 신토미초역

이 매물은 내가 도쿄에서 처음으로 만난 건물이다. 처음 전달받은 매물 정보들 중 가장 관심이 갔던 물건이고 첫 임장 여행을 떠나게 한 물건이다.

주오구에 위치한 5층짜리 작은 건물인데, 대지는 약 18평으로 매우 좁았지만 도쿄3구로 불리는 주오구에 위치한 것을 보고 바로 마음을 빼앗겼다. 도쿄에서 주오구는 서울의 강남구나 서초구 같은 분위기를 풍기는 곳이다. 명품숍과 고급 상점이 즐비한 긴자, 일본은행 본점과 도쿄증권거래소가 있는 금융의 중심지 니혼바시,

2020 도쿄올림픽 선수촌 아파트가 지어지고 있던 인공섬 하루미 등을 포함하는, 도쿄의 상징적인 지역이라고 할 수 있다. 그 명성만큼 도쿄의 땅값 순위에서도 2, 3위를 다투는 비싼 동네이다.

첫 임장 여행인 데다 주오구의 실제 매물을 본다는 생각에 가슴이 두근거렸다. 비행기에 타서는 매물 개요서를 몇 번이고 들여다보았고, 도쿄 공항에 도착하자마자 짐도 놓지 않고 건물로 곧장 달려갔다.

매물 개요서에 신토미초역에서 도보 1분이라고 쓰여 있었는데, 정말로 도보 1분이었다. 역 출구에서 나오자마자 코너를 도니 건물이 바로 눈에 들어왔다. 1층에는 스시집이 영업을 하고 있었다. 매물 개요서에는 공실이라고 쓰여 있었지만 아니었나 보다. 2~5층은 계단으로 올라갈 수 있었는데, 층마다 1개의 호실이 있고 모두 원룸 형태로 보였다. 1991년 준공 건물이지만 2017년에 외관 리모델링을 해서 깔끔하다는 점, (무엇보다) 1층이 공실이 아니었던 점, 층마다 하나의 주택만 있어 임차인들의 만족도가 높을 것 같다는 점, 초역세권인 점 모두 마음에 들었다.

짐을 끌고 다니면서 건물 주위를 넓게 돌아보았다. 근방에 돌아다니는 사람들의 분위기, 일부 고급스러운 상점들 모두 느낌이 좋았다. 큰 도로 쪽으로도 작은 골목길 안쪽으로도 한참을 돌아다니다가 긴자 중심거리 쪽으로 발걸음을 옮겼다. 첫 임장 여행에서 이렇게 좋은 건물을 만나다니. 짐은 무거웠지만 발걸음은 가벼웠다. 건물에서 긴자 중심거리까지 약 10분 만에 도착했다. 도쿄에서 가장 비싼 거리까지 10분밖에 걸리지 않는다니 벅찬 감정을 감출 수가 없었다.

건물도 마음에 들고 가격대도 맞고 느낌도 좋았다. 제일 걱정이었던 공실도 없었다. 그런데 갑자기 불안감이 찾아왔다. 나는 건물 투자에 완전 초짜인데… 혹시 내가 실수하고 있는 것은 아닐까? 제일 처음 본 건물이 제일 좋은 건물이 맞을까? 지금 바로 결정을 하면 더 좋은 건물을 놓치는 것 아닐까?

나의 불안함은 무경험에서 비롯되기도 했지만 결국은 무지와 약한 결단력에서 온 것이었다. 내 기준에 맞는 건물이 나타나면 바로 사야지 하고 수차례 다짐했지만, 막상 그 상황이 닥치니 확신이 없었다. 말 그대로 '몰라서' 생겨나는 한심한 질문들이었다.

결국 마음을 정하지 못한 채로 일단은 이번 임장 여행 동안 둘러볼 다른 후보들을 모두 본 다음에 다시 생각하기로 했다. 건물에 별다른 문제가 있었던 것도 아니었고, 만족스럽지 않은 것도 아니었지만 말이다.

안타깝게도 그때 둘러보았던 다른 후보 매물은 모두 마음에 들지 않았다. 역에서 거리가 너무 멀거나, 경사지에 있거나, 너무 후미진 곳에 있거나 등등, 여러 이유가 있었다. 계속해서 신토미초역의 건물이 머릿속을 맴돌았다. 게다가 도쿄에 머무는 동안 매일 시간을 달리해서 몇 번씩 보러 갔는데, 볼 때마다 흡족한 마음이 들었다. 하지만 결정을 하지 못한 채로 한국에 돌아왔고, 돌아와서도 몇 날 며칠을 고민만 했다. 그러다 마침내 부동산에 찾아갔는데….

아뿔싸. 팔렸단다. 내가 이 건물을 임장하러 도쿄에 간 날의 바로 다음 날에 말이다. 매도자 측 공인중개사가 전하길, 이미 어떤 일본인 투자자로부터 매매의향서가 도착해서 검토 중이고 아마 큰 문제 없이 거래될 예정이라고 했다. 나는 그렇게 내 건물이 될 수도 있었던 좋은 건물을 놓쳤다. 실수하지 않으려고 신중에 신중을 기하다가 투자의 세계는 눈도 손도 빠른 곳임을 잊어버리고 말았다. 내 눈에 좋아 보이는 물건은 남의 눈에도 좋아 보이는 법인데 말이다.

첫 번째 매물부터 쓰디쓴 실패를 겪고 나니, 신중한 것도 좋지만 빠른 판단과 결단력 또한 중요하다는 것을 깨달았다. 그 부동산 자체의 가치 외에 다른 것을 고민할 시간은 없다는 교훈을 얻었다. 건물 자체의 가치는 완벽하다고 평가했지만 괜한 걱정을 하느라 놓친 것이니 말이다. 다음부터는 좋은 건물이라면 바로 낚아채겠다는 마음으로 임장을 하겠다고 다짐했다.

03

내가 살고 싶은 곳
: 미나미센주

미나미센주에 위치한 한 신축 매물을 소개받았다. 역에서 도보 4분 거리이고, 2018년에 지어졌다고 했다. 기존에 봐왔던 일본의 건물과는 다르게 외관이 근사하여 시선을 단번에 사로잡았다. 신축이라 가격이 만만치는 않지만 그래도 예산 범위에 들어오긴 해서 일단 가서 보기로 했다. 쓰디쓴 첫 실패의 기억이 남아서인지 이번에는 더 재빠르게 비행기 표를 예약하고 도쿄로 향했다.

미나미센주는 다이토구 바로 위에 위치한 아라카와구의 서쪽에 있는 대표적인 주택가이다. 아라카와구는 유명한 관광지가 없어 우리와 같은 외국인들에게는 생소한 곳이다. 그러나 도쿄 중심부까지 서너 정거장이면 갈 수 있는 데다 땅값이 도쿄도의 16번째로 상대적으로 저렴해 도쿄 중심부로 출퇴근하는 회사원들이 선호하는 주거지이다. 또 명문 고등학교가 있어 '좋은 학군, 안전한 치안'이라는 명성도 가지고 있다.

미나미센주에 도착하고 나니 어느새 어둑한 저녁이 되어 있었다. 건물로 가기 전 늦은 저녁을 먹으려고 역 주위를 둘러보았다. 많은 일본인이 미나미센주역을 중심으로 모이고 흩어졌다. 아마도 출퇴근 시간이었다면 더 혼잡했을 것이다. 역 근처에는 간단히 식사할 수 있는 음식점이 많았다. 음식점에는 대부분 직장인들이 혼밥을 하고 있었고 적당한 곳에 나도 혼자 들어가서 그 행렬에 동참하였다. 무난한 식사를 하고 나왔다.

든든하게 배를 채운 뒤 소개받은 매물로 걸어가 보았다. 그런데 매물이 있는 곳으로 가까이 가면 갈수록 방금 느꼈던 미나미센주역의 분위기는 온데간데없어졌다. 날이 흐리기도 했고 밤늦은 시간이 되어가고 있기도 했지만, 갈수록 길이 좁아지고 가로등의 수는 점점 더 적어졌다. 미나미센주역에 있던 그 많은 사람은 다 어디로 간 건지, 큰 사거리에서 횡단보도 신호를 기다리고 있을 때조차 주위에 사람이 없었다. 아직 건물을 보지 않았지만 이때부터 조금씩 마음이 멀어지기 시작했다.

도착한 건물은 사진에서 봤던 모습 그대로였다. 대지는 22평으로 좁았지만 땅 크기에 비해 알차게 지어진 건물은 꽤 컸다. 가운데 계단을 두고 양측에 원룸을 배치한 형태로, 4개 층에 총 8개 호실로 이루어져 있었다. 사진으로 봤을 때 감각적으로 보였던 외관은 실제로도 그랬다. 블랙과 레드의 조화가 잘 어우러져 멋스러웠다. 각 호실에 불이 듬성듬성 들어와 있는 것으로 보아 공실이 있는 것 같았다. 건물 개요서에 8개 호실 중 3개가 공실이라고 쓰여 있었는데, 변동이 없었던 모양이다.

동네 주위는 굳이 돌아보지 않아도 특이점이 없을 듯 보였다. 좁은 골목길, 군데군데 새 건물을 올리는 현장, 상점은 거의 없고 주택만 있는 전형적인 주택가의 모습이었다.

이 매물은 땅값이나 위치에 비해 다소 비쌌지만 멋진 외관을 가진 신축 건물이라 혹시나 하고 보러 온 것이었다. 하지만 역에서 내렸을 때의 분위기를 떠올리니 이 건물은 내가 원하는 매물과는 다른 이미지라는 것을 깨달았다. 미련 없이 포기하기로 했다.

이 건물은 미나미센주역과 미노와역, 2개의 지하철역을 도보로 이용할 수 있는 거리에 위치했기 때문에 돌아갈 때는 왔던 길이 아닌 다른 길로 가보기로 했다. 미노와역으로 가는 길은 아라카와구에서 다이토구 쪽으로 가는 길이다. 큰 도로가 나타났고 거리에 걸어 다니는 사람들도 조금씩 늘어났다. 가로등 수가 많아진 탓인지 거리도 조금 더 환해졌다. 단 몇 걸음뿐이었는데도 분위기가 크게 달라졌다. 이처럼 임장은 지도에서 파악할 수 없는 것을 알 수 있기 때문에 중요하다.

미나미센주역에서의 느낌은 아직도 좋은 기억으로 남아 있다. 바쁘게 움직이는 사람들 사이에 도는 활기찬 느낌과 밝은 분위기가 인상 깊었다. 교통편이 나쁘지 않다는 점도 좋았다. 물론 신주쿠, 오테마치, 도쿄, 시부야, 긴자 등 주요 업무지구로 가려면 전철을 한 번 이상 갈아타야 하지만, 지하철 노선이 3개나 있어 대부분의 동네를 30분 내외로 갈 수 있다는 점은 매력적이다. 투자용 매물로는 선택하지 않았어도, 만약 나중에 내가 도쿄에서 살게 된다면 미나미센주역 근처도 좋겠다는 생각을 했다.

04

신축이냐 땅 크기냐
: 미노와

미나미센주에 있는 건물과 멀지 않은 곳에 또 다른 매물이 있어 함께 둘러보기로 했다. 미나미센주의 건물에서 걸어서 12분가량 떨어진 곳이었는데, 큰 도로를 경계로 구가 바뀌었다. 아라카와구에서 다이토구가 된 것이다.

차들이 쌩쌩 달리는 7차선 큰 도로를 따라 걷다 보니 소개받은 매물 앞에 도착했다. 큰 도로 바로 앞이라 시끄럽지 않을까 하는 생각이 들었다.

매물 개요서에서 가장 눈에 띈 건 바로 코너 건물이라는 점이었다. 건물의 가치는 접해 있는 도로의 크기, 코너 여부에 따라 크게 달라질 때가 많다. 큰 도로와 가깝거나 코너에 위치한 경우 땅값이 더 비싸다. 게다가 이 매물은 2017년에 지어진 신축 건물이었다. 도쿄에서는 신축 건물 자체가 워낙에 귀하신 몸인데, 큰 도로 앞인데다 코너 건물이기까지 하다니. 솔깃할 수밖에 없었다.

미노와역을 지나 약 5분 정도 걸었을 때 건물이 나타났다. 무려 7차선 도로 앞에 위치한 코너 건물. 그런데 땅 크기가 18.72평으로 작아도 너무 작았다. 그 작은 땅에 5층짜리 폭이 좁은 건물이 솟아 있었다. 그나마 건물이 도로와 바로 접하지 않고 자전거 주차장으로 사용 중인 땅 뒤편에 위치하고 있어 약간은 숨통이 트이는 것 같았다.

5층짜리 건물에 5개의 원룸이 있었다. 출입구에 보안문이 있어 들어가 보지는 못했다. 서울에서는 대부분의 빌라나 아파트 입구에 비밀번호를 눌러야 들어갈 수 있는 보안문이 있다. 하지만 도쿄에서는 흔하지 않은데, 그만큼 이 건물이 보안에 신경을 쓴 듯했다. 창문 있는 쪽을 바라보니 5개의 호실에 모두 불이 들어와 있었다. 공실은 없어 보였다. 다만 각 방의 창문에서 바로 앞에 있는 큰 도로가 훤히 보일 것 같았다.

이번에는 건물 주위를 돌아보기로 했다. 아홉 시가 훌쩍 넘은 시간이 되었지만 넓은 도로 앞이라 그런지 거리는 매우 환했다. 근처에는 패밀리 레스토랑과 큰 슈퍼마켓이 있었고 사람들이 분주히 오

갔다. 건물 입구 바로 맞은편에 코인 세탁소가 있어 임차인들이 편할 것 같았다. 조금 더 안쪽으로 걸어가 보니 또 4차선 도로가 나왔다. 이렇게 앞뒤로 큰 도로가 있으면 소음 문제는 없을지 다시 궁금해졌다. 또 18평밖에 되지 않는 작은 크기도 마음에 걸렸다. 대지가 18평이면 방은 대체 얼마나 작을까?

이런저런 생각을 하며 주위를 돌러보다가 시간이 많이 늦어져 택시를 타고 호텔로 돌아갔다. 도착하자마자 미노와 건물에 대한 정보를 찾아보았다. 업체에서 제공해 준 정보 외에 추가로 알고 싶은 게 있다면 야후 재팬에 검색하자. 원하는 정보를 손쉽게 얻을 수 있다. 건물 주소를 검색해서 예전 임대 공고를 찾아보면 된다. 집을 구하는 임차인들이 보는 임대 공고이기 때문에, 거기에는 시설, 임대료, 특징 등 임차인이 알아야 할 정보들이 보기 좋게 잘 나와 있다. 또 방의 평면도, 아파트에 대한 평가, 엘리베이터나 분리수거통 같은 건물 내 시설물에 대한 정보 등도 얻을 수 있다. 사실 이런 정보 탐색은 임장 오기 전에 하고 왔어야 했는데 그 당시에는 일정이 촉박해서 못 했다.

먼저, 소음 문제에 대해 알아보았다. 건축주도 비슷한 걱정이 있었는지, 이 건물을 방음 특화 건물로 만들었다. 최고급 방음 시설을 갖추어 방 안에서 악기를 연주해도 소음이 전혀 들리지 않을 정도란다. 실제로 음악 스튜디오 전문 회사에서 전담해서 설계했다고 한다. 사무실 겸용으로도 사용할 수 있다고 쓰여 있었다(이 건물은 상업지역에 있어 주택 겸용 점포가 가능했다). 이 정도라면 소음 문제는 걱정하지 않아도 될 것 같아 보였다.

두 번째, 땅 크기에 대해 알아보았다. 개요서를 다시 살펴보니 건폐율이 80%였다. 건폐율은 대지면적 대비 건축을 할 수 있는 땅 비율을 말한다. 상업지역이라 건폐율이 높은 것이 다행이었다. 방의 평면도도 찾아보았다. 스모에 올라온 예전 임대 공고를 보니 원룸 크기가 10평 정도로 크게 나쁘지는 않은 수준이었다.

며칠간 머물면서 낮밤에 걸쳐 이 건물에 여러 번 가보았다. 낮에 보니 큰 도로 앞 한눈에 들어오는 코너 건물이라는 강점은 더욱 빛을 발했다.

다만 역시나 땅 크기가 마음에 걸렸다. 신축 건물이라 공실 걱정이 거의 없고 임대료가 높다는 장점이 있지만, 그만큼 건물을 밸류 업value-up하기 어렵다는 단점도 있다. 신축이라는 메리트는 시간이 지날수록 노후화되면서 조금씩 사라진다. 취득하고 몇 년 내에 처분하지 않는다면 급격한 감가상각으로 손실이 생기는 건 당연하다. 신축의 장점에는 이런 이면이 있는 법이다. 물론 건물이 낡으면 리모델링을 하여 보완할 수 있겠지만 그것도 어느 정도 땅 크기가 확보되었을 때 가능한 이야기이다. 이렇게 좁은 땅에서는 할 수 있는 게 별로 없어 보였다.

또한 완전 초보자인 나에게 '방음 특화 건물'이라는 생소한 설계 또한 부담이었다. 나중에 방음용 무언가가 고장 나서 유지보수를 해야 한다면 잘 대처할 수 있을까?

이런저런 고민을 거듭한 끝에 이 매물 역시 포기하기로 했다. 위치도 좋고 충분히 매력적인 건물이었던 터라 아쉬움이 조금 남았다.

05

치안을 생각하다
: 기타구

어느덧 네 번째 임장 여행을 떠났다. 처음 떠날 때만 하더라도 싱그러운 5월이었는데 어느새 7월 한여름이 되어 있었다. 도쿄의 여름은 습도가 높아 더욱 덥고 숨이 턱 막힌다. 조금만 움직여도 몸이 금세 끈적끈적해지고 내리쬐는 태양 아래 피부가 익어버린다. 여름은 임장하기에 최악의 계절이다. 하지만 그래도 할 일은 해야하기에, 또다시 도쿄로 향했다. 이번에는 꼭 나의 건물을 만나기를 바라면서 말이다.

처음 갔던 곳은 기타구 이타바시역 근방에 있었다. 기타구는 아라카와구와 맞닿아 있으며 도쿄 중심부에서 약간 북쪽으로 떨어져 있다. 큰 제지공장과 인쇄, 출판 회사가 있는 지역으로, 아라카와구와 마찬가지로 도쿄 중심부로 출퇴근하는 사람들이 주로 거주하는 대표적인 주거지이다. 특히 이타바시역과 신주쿠역은 단 두 정거장 떨어져 있다. 사이쿄선 지하철로 10분이면 신주쿠역에 갈 수 있는 것이다.

소개받은 매물은 이타바시역, 기타이케부쿠로역 두 곳을 도보로 이용 가능한 거리에 있었다. 우선 기타이케부쿠로역에서 내려서 걸어가 보기로 했다. 아침 일찍 느껴지는 상쾌한 공기에 기분이 좋아졌다. 기타이케부쿠로역 안쪽 골목길을 따라 알록달록 예쁜 단독주택들이 이어졌고 사람들은 여유롭게 걷고 있었다. 마침 등교 시간과 겹쳐서 영화나 드라마에서 볼 법한 일본 엄마들과 아이들이 자전거로 등교하는 모습이 곳곳에서 눈에 띄었다. 한적하고 여유로운 분위기의 동네였다. 기분 좋은 발걸음으로 7분 정도 걸으니 소개받은 매물지에 도착했다.

5층짜리 상가주택으로, 땅은 25평가량 되었다. 상업지역의 건폐율 80%를 잘 채워서 지은 덕택인지 건물이 꽤 커보였다. 1층에는 상가 사무실이 있고, 2층부터가 주택이었다. 1층 사무실에는 사람들이 분주히 움직이고 있었고, 작은 트럭들이 앞에 비상등을 켜고 정차해 있었다. 1층에서 나온 사람들은 옆 건물의 1층을 오갔다. 아마도 한 회사가 근처 사무실을 여러 개 사용하는 듯했다.

우선 주위를 둘러보기로 했다. 이 동네 근방은 모두 차가 한 대

정도 다닐 수 있는 이면도로였다. 폭이 좁은 대신 사람들이 걷기에는 편했다. 앞쪽 도로에서 코너를 돌자 작은 상점들이 나왔다. 시장길처럼 가운데 길을 사이에 두고 양쪽 상점가에 음식점, 슈퍼마켓, 세탁소, 꽃집 등 생활에 관련한 가게들이 쭉 있었다. 시장의 축소판이랄까. 땀을 조금 식힐 겸 슈퍼마켓에 들어갔다. 물건들은 저렴한 편이었고 야채나 과일이 신선한 것을 보아 아마도 회전률이 빠른 것 같았다. 아이스크림을 하나 베어 물고 나오며 주변을 조금 더 둘러보기로 했다. 이번에는 이타바시역 쪽으로 걸음을 옮겼다.

평일인데도 길거리에 사람들이 많은 편이었다. 이타바시역에 가까워질수록 사람들이 더 많아졌다. 걷다 보니 한두 블록 앞에 꽤 많은 사람이 모여 있는 것을 발견했다. 무슨 일일까? 외국인 노동자로 보이는 몇몇 사람들과 소방대원으로 보이는 사람들이 모여 있었다.

안쪽으로 고개를 돌려보니 세상에, 폴리스라인이 쳐져 있었다. 한 건물에 노란색 테이프가 칭칭 둘러져 있었고 안쪽에서 경찰관들이 바쁘게 움직이고 있었다. 길에 작은 구급차가 정차해 있고 하얀 옷을 입은 사람들도 보였기에 범죄 현장 같다는 생각이 들었다. 폴리스라인을 본 게 처음이라 약간 겁이 났다. 오래 서 있지 못하고 이타바시역으로 빠르게 걸음을 돌렸다.

세월의 흔적이 느껴지는 이타바시역 근처에는 패스트푸드점, 편의점, 작은 라멘집과 선술집 등의 상점들이 있었다. 그런데 유독 외국인 노동자들이 많이 보였다. 여태 여러 동네를 가봤지만 특히 이곳이 더 그랬다.

해가 중천으로 향할 무렵 카페에 가서 이타바시역에 대한 정보와 방금 발견했던 폴리스라인의 정체를 찾아보기 시작했다. 아직 기사가 올라오지 않아서인지 내가 본 사건은 찾지 못했지만, 유독 이 근처에서 발생한 사건 사고 기사가 꽤 많이 검색되었다. 물론 사건 사고에 초점을 두고 검색했기 때문에 그렇게 느꼈을 수도 있지만 말이다. 객관적인 태도를 유지하기가 힘들었다. 치안이 좋지 않다면 나중에 내가 도쿄에 이주해 와서 이곳에서 살 수 있을까? 아무리 고민해 보아도 '아니오'라는 답이 나왔다. 포기하기로 했다.

이때 처음으로 치안과 관련한 여러 가지 정보를 찾아보았던 것 같다. 그동안 일본은 치안이 좋다고만 생각하고 안전하다고만 생각했다. 하지만 완전무결한 곳이 어디 있을까? 도쿄에는 정말 많은 사람이 살고 있고 그중에는 범죄자가 있을 수밖에 없을 텐데 말이다. 범죄가 일어나지 않는 사회는 없다.

이후로 매물을 검토할 때면 그 지역의 치안을 꼭 찾아보게 되었다. 사람이 쾌적하게 살기 위한 이런저런 조건들 중 가장 중요하다고도 할 수 있는 조건임에도 놓치고 있었다. '내가 살아도 좋은 곳일까?' 생각하며 매물을 검토하는 습관을 다시 세우기로 했다. 이것은 가장 최소한의 조건이면서 전부인 조건이기도 했다.

덧붙여 말하자면 이타바시역 근방은 재개발이 예정되어 있는 곳이다. 내가 본 곳은 동쪽 출구 쪽이었는데 바로 맞은편인 서쪽 출구가 대상지이다. 35층 규모의 고층 빌딩이 2024년도에 들어선다고 한다. 지하철 출입구를 넓히는 공사가 한창이고, 근처의 길목이나 광장도 재개발 사업 시기에 맞추어 재정비한다고 한다. 앞으로가 더 기대되는 동네인 것은 분명하다.

06

가격이 저렴한 이유
: 신오쿠보

이타바시역을 둘러본 뒤 잠시 더위를 피할 겸 식사를 하고 있는 데 부동산 업체에서 전화가 왔다. 방금 일본 부동산 업체로부터 매물 하나가 접수되었는데 가격이나 조건이 나에게 적합해 보이니 혹시 시간이 나면 들러보라는 것이었다. 위치는 신오쿠보였다.

신오쿠보라면 코리아타운이 있는 곳이 아닌가? 언젠가부터 이곳이 한국 문화가 총집합된 상징적인 동네가 되었고 최근 BTS의 인기가 치솟으면서 일본 젊은이들에게 엄청난 인기를 끌고 있다는 기사를 본 적이 있었다.

대개 부동산은 젊은이들에게 선택을 받으면 그 가치가 올라가는 경향이 있다. 소비를 하는 젊은이들이 모이는 곳은 상가가 잘되고, 상가가 잘되면 임대료도 올라간다. 그만큼 수익이 올라간 상가는 자연스럽게 가격이 올라가면서 가치가 상승한다. 신오쿠보는 예전부터 궁금했던 지역이기에 매물 주소와 사진만 들고 무작정 찾아가 보기로 했다.

참고로 일본에 거주하는 한국인의 수는 2022년 기준 약 44만 명으로, 도쿄에는 약 9만 명이 거주하고 있다. 그리고 그중 약 1만 명이 신주쿠구에 거주하고 있으며 특히 이 신오쿠보 지역, 코리아 타운에 집중되어 있다.(출처: 〈도쿄도 총무국 통계부〉 외국인 인구)

예전부터 신오쿠보역은 신주쿠의 대표적인 유흥가 가부키초 뒤편에 위치하고 있어 어수선하고 치안이 좋지 않다는 이미지가 있었다. 하지만 이제는 한류의 성지가 되어 K팝, K드라마를 사랑하는 많은 일본인과 외국인들에게 전혀 다른 이미지로 자리매김했다.

소개받은 건물로 가기 위해서는 신오쿠보역에서 내려서 중심가를 지나야 했다. 세상에, 사람이 너무 많아 인도에 발 디딜 틈이 없었다. 한 줄로 서서 조금씩 종종걸음으로 앞으로 걸어가야 했다. 가는 길 중간마다 사진을 찍는 사람들, 한쪽에 서서 한국식 핫도그를 먹는 사람들, 떡볶이를 먹으려고 줄을 서 있는 사람들이 마구 뒤엉켜 있어 도쿄의 여느 유명 관광지 못지않게 활기가 돌았다. 도쿄 신주쿠 한복판에서 한국 노래가 들려오고, 떡볶이, 김치찌개, 삼겹살

냄새가 나고, 한국어가 들렸다. 아, 한국인들이 외국에 가서 느낀다던 한국인으로서의 자부심이 이런 것이었구나 실감하며 바쁘게 길을 걸어갔다.

신오쿠보의 건물은 원룸 11개 호실로 구성된 주택으로, 2009년에 지어진 비교적 오래되지 않은 건물이었다. 현재 만실이었고 외관도 깔끔하고 평지에 있었다. 또한 조금 전에 걸었던 번잡한 거리에서 몇 블록 안쪽에 위치한 덕택에 소음이 들리지 않아 감쪽같이 조용해졌다. 땅 크기도 40평이 넘어 꽤 널찍한, 건물다운 건물의 모습이었다. 무엇보다 신오쿠보역은 야마노테선이었다. 그토록 찾아 헤매던 '야마노테선을 걸어서 이용할 수 있는 곳'을 드디어 찾았다. 갑자기 두근거리기 시작했다.

근처를 둘러본 뒤 한 카페에 들어가 동네 정보를 탐색하기 시작했다. 신오쿠보는 외국인들이 많이 사는 주거지고 그중에서도 특히 한국인들이 많이 살고 있었다. 이곳에서는 일본 현지인들을 대상으로 임대를 하기 어려울 수도 있다. 하지만 한국인들을 대상으로 한다면 그만큼 확실한 수요를 확보할 수 있어 공실 위험이 줄어드는 장점을 얻을 수 있을 것이다.

매물 정보를 좀 더 알고 싶어 부동산 실장님께 매물 정보를 메일로 보내달라고 요청했다. 아직 번역을 못한 상태라고 했지만 그냥 보내달라고 했다. 매물 개요서를 하도 보다 보니 필요한 정보만 쏙쏙 뽑아서 읽을 수 있는 수준이 된 터였다.

조금 뒤 매물 정보가 도착했다. 대지 가격은 어느 정도 예상한 수준이었고, 명목 수익률이 7%가 넘어가는 훌륭한 구성이었다. 공실이 없고 호실이 많기 때문이었다. 지목이나 건축 정보 등에도 큰 문제가 없었다. 그런데 처음 보는 단어가 있었다. 바로 '차지권借地權'이다.

차지권은 토지 소유권은 없이 건물에만 권리가 있는 것을 말한다. 즉, 토지의 주인과 건물의 주인이 다를 때 사용하는 권리의 이름이다. 건물의 주인은 차지권을 가지고 토지를 이용하면서 토지 이용료를 지불하게 된다. 땅을 빌려서 건물을 지었다고 생각하면 된다. 차지권이 있는 매물을 사게 되면 건물만 사게 되는 것이고 토지주인에게 매달 토지 이용료를 지불해야 한다. 불법이거나 위험한 거래는 아니다. 다만 반쪽짜리 건물주가 되는 것이었다. 땅 없이 건물만 사는 것이니 말이다.

어쩐지 예상했던 가격보다 30% 정도 저렴했었는데 역시나였다. 바로 마음을 접고 신오쿠보를 떠났다.

07

시설 관리의 중요성
: 도시마구

　4주 만에 도쿄를 다시 찾았다. 4주 전부터 꽤 많은 매물 정보를 받았지만 갈 시간이 없었다. 쓸 수 있는 연차가 얼마 남지 않았기 때문이었다. 아직 계약은커녕 건물을 고르지도 못했는데 휴가가 없다니… 마음이 더 급해졌다. 하지만 그렇다고 기준에 맞는 물건이 빨리 나타나는 건 아니었다. 급할수록 돌아가라는 말을 떠올리며, 스스로 마음을 다독였다.

　휴가를 아껴야 해서 어쩔 수 없이 이번엔 주말 동안의 1박 2일 일정이었다. 임장을 하기에는 턱없이 부족한 일정이긴 했지만, 이번에 받은 매물 후보들이 마음에 쏙 들 만큼 만족스럽지 않았기 때문에 굳이 길게 가지 않아도 될 듯했다. 만족스러운 매물이 아니었는데도 임장을 가기로 한 것은, 그래도 혹시나 내 생각과 달리 좋은 물건일 수도 있지 않을까 하는 갈팡질팡한 마음 때문이었다.

도시마구는 이케부쿠로가 있는 구로, 신주쿠구와 바로 맞닿아 있다. 이케부쿠로는 도쿄에서도 손꼽히는 거대 번화가로, 애니메이션, 만화 전문상점들이 특히 많고, 유명한 수족관, 60층 고층 빌딩, 쇼핑 시설, 레저 시설 등 다양한 놀거리가 많아 10~20대들에게 인기 데이트 코스로 꼽힌다. 특히 도쿄의 서북부를 연결하는 지하철 노선인 세이부 이케부쿠로선을 이용하는 직장인들과 학생들이 많이 오가는 곳이기도 하다.

이케부쿠로역을 살펴볼 겸 일부러 이케부쿠로역 근방에 숙소를 잡고 출발하기로 했다. 토요일 낮에 도착한 이케부쿠로역에는 사람들이 정말 많았다. 10~20대 친구들이 곳곳에서 까르르 하고 웃었다. 걸어가는 내내 젊음의 활기찬 공기가 맴돌았다.

이번에 소개받은 매물은 이케부쿠로역에서 세이부 이케부쿠로선으로 한 정거장 떨어진 시이나마치역 근방에 있는 원룸 건물이었다. 이케부쿠로역은 유동인구 만큼이나 엄청나게 많은 지하철 노선이 있다. 노선이 무려 10개가 넘는다.

계속되는 임장과 그동안의 여행 경력으로 그 어렵다는 도쿄 지하철 타기만큼은 자신이 있었다. 그런데 웬걸, 이런 마음이 들자마

자 실수를 해버렸다. 완전히 다른 지하철을 타서 엉뚱한 역으로 가
버린 것이었다. 분명 노선과 플랫폼을 확인했는데…. 무엇을 놓친
것인지 엉뚱한 역에서 내리고 말았다. 맞은편에서 다시 이케부쿠로
역으로 돌아가는 지하철을 기다렸는데 하필 배차간격이 긴 열차였
다. 15분 넘게 기다려서 이케부쿠로역으로 돌아가서는 다시 제대로
세이부 이케부쿠로선을 타고 시이나마치역으로 갔다. 한 정거장 거
리를 30분이 넘게 걸려 도착한 셈이 되어버렸다.

　원룸 건물은 시이나마치역에서 2분 거리에 있다고 했다. 지상철
이라 2층에서 1층 출구로 내려와서 나갔다. 방금까지 이케부쿠로역
에서 엄청나게 많은 사람들 사이에 있었던 것이 실감이 나지 않을
만큼 한적한 동네가 나왔다. 쨍쨍 내리쬐는 햇빛과 맑은 하늘, 건너
편에 보이는 작은 신사까지, 고즈넉한 느낌이 좋았다. 학생들이 자
전거를 타거나 삼삼오오 모여 걸어가고 있었다. 근방에 있는 릿쿄

대학교의 학생들인 것 같았다.

　건물은 정말 역 바로 앞에 있었다. 2분이 아니라 40~50초 정도
가 걸리는 초역세권이었다. 원룸만 14개가 있는 27평 정도 되는 규
모의 5층짜리 건물이었다. 초역세권 건물이다 보니 공실 없이 잘
운영할 수 있을 것으로 보였다.

　그런데 건물의 출입구가 도로 쪽이 아닌 옆 건물을 바라보는 쪽
으로 나 있었다. 즉, 도로와 맞닿아 있는 면이 측면이고 옆 건물을
바라보는 면이 정면이었다. 땅 모양이 안쪽으로 길어서 생긴 일이
었다.

　문제는 또 있었다. 건물 정면 바로 앞에 비교적 최근에 지은 것으
로 보이는 10층 넘는 아파트(맨션)가 있었던 것이다. 결국 5층짜리
이 원룸 건물은 바로 앞에 높은 아파트가 지어지면서 시야가 막혀
버렸다. 물론 발코니나 넓은 창 같은 것이 없기 때문에 방 안에서의
시야가 막히진 않았을 거라 생각되었지만, 복도에서 바라보는 풍경
은 앞 건물에 막혀서 답답했고 대낮인데도 약간 그늘져 있었다.

　무엇보다 이 건물은 시설 관리가 잘 되지 않는 것처럼 보였다.
복도가 지저분했고 임차인들이 쓰레기를 제대로 버리지 않는 것인
지 '쓰레기를 잘 분리해서 버려달라'는 빨간색 글씨로 쓴 경고장이
붙어 있었다. 업체에서 받은 자료 중에는 최근 5년간의 수리 내역
이 있었는데, 비슷한 연식의 다른 건물과는 달리 그 내역이 무척 많
았다. 호실 수도 많고 학생들이 사용하는 원룸이라 수리할 곳이 많
이 발생한다고 쳐도 다른 건물에 비해 2~3배가량 많은 것은 좀 이

상했다. 아마도 부실 공사를 했다거나 그동안 건물주가 관리를 잘하지 못했던 것이 아닐까 생각했다.

임장을 오기 전까지만 해도 건물 관리야 내가 잘하면 되겠지 하고 생각했다. 그런데 실제 모습을 보고 나니 만만치 않겠다 싶었다. 오래된 건물의 약점을 고스란히 가지고 있는 데다 앞이 가로막혀 있는 점도 마음에 걸렸다. 결국 위치도, 수익률도 좋았지만 포기하기로 했다.

계속되는 임장 실패. 출발할 때에는 기대를 품고 왔다가 돌아갈 때는 실망을 안고 가는 일들은 아무리 해도 익숙해지지 않는다. 돌아가면서 생각해 보니 벌써 임장을 온 횟수가 10번을 넘어가고 있었다. 혹시나 하는 마음에 1박2일로 무리해서 온 일정이었는데, 이번에도 역시나 아니었나 보다 싶어 속이 쓰렸다. 1분도 채 걸리지 않아 도착한 시이나마치역. 2층 승강장으로 올라가려던 차에 한 신사 앞에 있는 통유리로 된 작은 카페를 발견했다. 점심도 먹은 상태였고, 일정이 짧아서 빨리 다음으로 이동해야 했지만 잠시 쉬고 싶단 생각에 카페로 발걸음을 옮겼다. 카페 안에는 조용조용한 말투의 학생들이 즐겁게 이야기를 나누고 있었다. 신사 입구를 바라보는 자리에 앉았다. 재잘재잘 들려오는 목소리, 달달한 냄새와 바깥과는 다른 서늘한 공기. 여유로운 분위기를 느끼며 팬케이크와 커피를 먹었다. 속상한 마음이 조금은 풀어졌다.

08

인기 많은 부자동네
: 메구로구

시이나마치역에서 계획에 없던 시간을 보낸 탓에 날이 어느새 어둑어둑해졌다. 바로 다음 날인 일요일에 비행기를 타야 했기 때문에 정말로 시간이 얼마 남지 않았다. 서둘러 다음 매물이 있는 곳으로 향했다. 바로 메구로구이다.

메구로구는 도쿄의 3구 못지않게 비싼 곳이다. 일본의 유명 연예인들이 많이 살고 있는 대표적인 부촌으로, 다른 도쿄 중심부와는 달리 외지인과 관광객이 많지 않고 오피스가 집중되어 있는 곳도 아니라서 회사원들도 많지 않다. 말 그대로 딱 부자동네 이미지. 이

곳은 도쿄 여성들이 살고 싶은 동네로 항상 상위권에 오른다.

이번에 소개받은 물건은 내 예산에서는 조금 초과한 수준이었지만 그래도 혹시나 하는 마음에 가보기로 했다. '부촌 메구로'가 궁금하기도 했고 말이다.

이 매물은 무사시코야마역에서 걸어서 15분 거리에 있었다. 무사시코야마역은 도큐 메구로선의 역으로, 이 노선은 메구로역에서 요코하마시까지 연결된다. 메구로선은 도쿄 중심부로부터 바깥쪽으로 뻗어나가는 노선이다. 그래서 무사시코야마역에서 도쿄 중심부로 진입하기 위해서는 메구로역까지 간 다음, 지하철을 한 번 이상은 반드시 갈아타야 하는 불편함이 있다.

역에서 내려 건물 쪽으로 걸어가다 보니 금세 어둑어둑해졌다. 도보 15분이 생각보다 꽤 멀게 느껴졌다. 아마 더운 여름이라 더 그랬던 것 같다. 해가 떨어진 밤 시간대에 평지를 걷는데도 땀이 주르 륵 흘러내렸다. 도쿄의 여름은 밤에도 정말 만만찮다.

이 매물 역시 5층짜리 맨션으로, 20평대 호실들로 이루어져 있었다. 모두 불이 들어와 있는 것으로 보아 공실이 없는 것 같았다. 1층은 로비로 엘리베이터가 있었고 2층부터 맨션이 하나씩 있었다. 출입문 주위에는 조경이 작지만 예쁘게 잘 꾸며져 있었다. 안쪽을 들여다보니 관리도 아주 잘되고 있는 것처럼 보였다.

주위의 건물을 둘러보기로 했다. 바로 앞에 요즘 유행한다던 창고형 건물이 들어서 있었다. 짐은 늘어나는데 집이 좁아 보관이 어려운 일본인들을 대상으로 짐을 맡아주는 서비스가 유행이라고 들은 적이 있는데, 바로 그 서비스를 하는 건물인 듯 보였다.

근방의 맨션 건물들도 둘러보았다. 대부분이 내가 본 매물과 비슷하게 한 층에 넓은 평수의 집들이 하나씩 있는 것으로 보였다. 1층은 대부분 로비만 있고 2층부터 집들이 있었다. 입구마다 보안이 잘되어 있었고 조경도 아기자기했다. 부촌이라는 이미지를 갖고 지켜봐서일까? 그동안 임장했던 지역과는 다른 느낌을 받았다.

임대 호실의 구성도, 현장 분위기도, 건물 상태도 모두 마음에 들었다. 앞서 기타구의 매물을 보면서 다시 되새겼던 '내가 살아도 좋을 곳인가?'라는 질문에도 '그렇다'라는 답을 할 수 있었다. 역에서 조금 떨어져 있다는 단점이 있지만 그것을 뛰어넘을 만큼 메구로구의 이 건물은 매력적이었다.

문제는 가격이었다. 받은 정보로 봤을 때 가용 예산보다 1,500만 엔 정도가 더 비쌌다. 당시 환율로 약 1억 6,000만 원 정도가 모자 랐던 것이었다. 가격 협상의 여지가 있을지 확신할 수 없었지만 그 래도 시도는 해보기로 했다. 협상이 잘되지 않아도 대출을 조금 더 받으면 가능하지 않을까?

돌아가는 길에는 메구로역까지 30분을 걸어갔다. 다리가 몹시 아팠지만 메구로구의 전반적인 분위기를 좀 더 살펴보고 싶었다. 많이 늦은 시간인데도 거리는 밝았다. 아마도 1층에 작은 조경을 해둔 맨션들 덕분인 듯했다. 길을 따라 따뜻한 노란빛이 쭉 이어져 있었다. 강아지와 산책을 하는 부부, 파란 눈의 외국인 가족, 조깅하 는 사람들이 눈에 띄었다. 전형적인 고급 주택가 느낌이었다.

고단함이 몰려왔지만 조금 더 힘을 내 택시 대신 지하철을 타기 로 했다. 임장의 기본은 지하철이니까 말이다. 메구로역은 야마노테 선을 이용할 수 있어 숙소가 있는 이케부쿠로역까지 한 번에 갈 수 있었다. 지하철을 타고 가면서 '그래, 이 정도면 도쿄 도심으로 들어 가는 것도 그렇게 불편하지 않네'라고 생각하며 아픈 두 다리를 끌 고 숙소로 돌아갔다.

다음 날 비행기를 타기 전에 들러 건물을 한 번 더 빠르게 훑어 보니 이곳이 더더욱 마음에 들었다. 공항으로 가는 택시 안에서 한 국에 전화를 했다. 전화를 받은 부동산 업체에서는 월요일에 현지 부동산 측에 연락을 해보겠다고 했다. 그리고 마음에 드는 물건을 찾아서 얼마나 다행이냐고 덧붙였다. 정말 그랬다. 끝이 안 보이던 임장 여정에 끝이 보이는 듯했다.

바로 다음 날 부동산 업체와 상담을 했다. 가격 협상이 가능할지와 대출을 더 받을 수 있을지가 관건이었다. 그런데 한국처럼 바로 답을 얻을 수가 없단다. 전화 몇 통이면 될 줄 알았는데, 일본은 생각보다 절차가 조금 복잡했다.

우선 일본에서는 매수 의사를 표시할 때 '매매의향서'라는 것을 제출해야 한다. 제출 후에는 내용을 수정하는 것이 쉽지 않기 때문에 작성하기 전에 양측의 의사를 구두로 충분히 확인하는 절차를 거친다. 이때 사실상 매매 가격이 결정된다. 그러니까 협상을 하려면 며칠간 밀당의 과정이 필요하다는 얘기다. 또한 은행에서 대출이 가능한지 확인하는 것도 간단하지 않았다. 정해진 금액이 없기 때문에 심사 전에 건물에 대한 평가가 먼저 이루어져야 했다. 은행 내부 기준으로 빠르게 가심사를 한다고 해도 수일이 소요된다.

결과를 기다리는 동안 메구로구에 대한 정보를 더 자세히 찾아보았다. 그리고 딱 하루만 보고 온 것이 마음에 걸려 곧장 그 주 금요일에 출발하는 비행기표를 끊었다. 평일, 주말, 낮, 밤의 모든 모습을 확인하고 싶었다. 일정 중에 매도자의 답변이 온다면 더 좋을 터였다. 직접 현지에서 담당자를 만날 수도 있을 테니 말이다.

전에 가져갔던 짐 가방을 풀지도 않은 채 몇 가지만 새로 챙겨서 그대로 출발했다. 부동산 업체에서 간 김에 마지막으로 매물 하나를 더 확인해 보라며 소개서를 건네주었다. 끝이 없는 매물들에 지칠 만도 했지만 또 받아들었다.

09

도쿄 속의 교토
: 가구라자카

이번에는 신주쿠구 안쪽에 위치한 가구라자카라는 동네에 있는 상가주택이었다. 가구라자카는 도쿄 속의 작은 교토라고 불리는, 옛날 느낌이 많이 남아 있는 곳이다. 리틀 파리라고 불리기도 하는데, 프랑스인들이 많이 거주하고 있고 프랑스식 상점과 프랑스 국제학교가 있기 때문이다. 과거에는 낙후된 공업지역이었지만 근처 와세다대학교의 학생들이 주로 활동하는 동네로 뜨기 시작해서 최근 들어 '힙한' 곳을 찾아나서는 젊은이들에게 더욱 인기를 끌고 있다. 한국의 서촌이나 익선동처럼 과거 분위기가 살아 있는 동네와 느낌이 비슷하다고 보면 된다.

　도쿄에 도착하자마자 우선 메구로구의 건물을 한 번 더 둘러보았다. 평일의 한적함이 좋았다. 벚꽃길로 유명한 메구로강도 걸어보았다. 역시 좋았다. 이 건물을 사고 싶다는 마음이 더 강해졌다.

　메구로를 돌아본 다음 이번에 소개받은 가구라자카의 건물로 향했다. 이곳은 가구라자카역에서 도보 7분 거리, 에도가와바시역에서 도보 10분 거리에 있었다. 처음에는 가구라자카역에서 내려 걸어갔는데, 가는 길에 서양식 바bar 스타일의 작은 술집을 보았다. 그동안 임장을 다니면서 일본식 선술집(이자카야)은 많이 봤지만 이런 술집을 본 것은 처음이라 신기했다. 얼핏 보이는 인테리어가 얼마나 예쁘던지 실례를 무릅쓰고 유리창 안을 들여다보기도 했다. 와인병과 와인잔이 바 테이블에 전시되어 있었고 데이트하는 몇몇

일본인 커플이 보였다. 여유로워 보이는 분위기가 좋았다.

건물까지 쭉 걸어가는 길은 약간 내리막길이었다. 다시 돌아갈 때 오르막길이라 힘들지 않을까 생각했다.

구글 지도에서 도착지가 바로 50미터 내외로 가까워졌는데, 매물 개요서에 나와 있는 건물이 보이지 않았다. 구글 주소를 다시 찍어 지도상 건물 위치에 가보니 외관이 완전히 바뀐 것을 알아챘다. 매물 개요서 속 사진에서는 세월의 흔적이 고스란히 묻어나는 오래된 건물이었는데 실제로 마주한 건물은 외관 리모델링을 마쳐 깔끔한 모습이었다. 사람도 꾸미기 나름이듯, 건물도 그렇다. 이미지가 확 달라져 있었다.

1, 2층은 사무실, 3~5층은 주택으로 계단을 올라가 보니 층마다 현관 앞에 우산, 유모차 등등이 놓여 있었다. 임차인들이 잘 살고 있는 것으로 보였다. 건물 앞의 공간에는 자전거 1대와 자동차 2대, 오토바이 1대가 주차되어 있었다. 주차장 수익도 기대할 수 있는 물건이었다(일본에서는 임차인에게 주차장 이용료를 따로 받는다). 건물 바로 앞으로는 교차로가 있어 정면이 뻥 뚫려 있었다. 멀리서 봤을 때도 건물이 눈에 잘 들어왔다.

주위를 더 둘러보기로 했다. 근방의 건물들은 맨션이 많았고 군데군데 빵집이나 꽃집, 자전거 수리점 등의 작은 상점들이 있었다. 조금 더 안쪽으로 들어가자 고등학교가 하나 나왔고, 꽤 큰 규모의 신사도 눈에 띄었다. 곳곳에 작은 갤러리도 있었다. 대부분의 가게들이 모던한 느낌보다는 고풍스럽거나 앤티크한 느낌이었다. 정말 도쿄 속의 교토 같은 느낌이었다.

요즘 힙하다는 가구라자카 일대는 이곳에서 이다바시역까지 가는 길을 말한다. 오후 내내 그 일대를 돌며 분위기를 살폈다. 그러다 어느새 임장 왔다는 사실을 잊고는 유명한 맛집도 들리고 포토 스폿에서 사진도 찍으며 놀고 말았다. 그만큼 매력적인 동네였다.

그렇게 시간을 보내다 보니 어느새 날이 어둑해져 본래의 목적에 충실하고자 서둘러 건물 쪽으로 다시 걸어가 보았다. 여섯 시가 넘어가니 많은 일본인이 퇴근 후 귀가하는 모습을 볼 수 있었는데, 그중에는 특히 혼자 귀가하는 여성들이 많았다. 다른 동네를 임장했을 때보다 더 많이 눈에 띄는 것 같았다. 여자 혼자 살기에도 치안이 괜찮은가 보다 생각했다.

완전히 어두워진 후에도 건물로 가는 길은 너무 깜깜하거나 으슥하지 않았다. 건물을 돌아 나온 바로 앞길에 있는 인도가 다른 길보다 넓어 여유로웠다. 강아지를 데리고 산책하는 부부들, 자전거를 타고 지나가는 사람들이 있었다.

이곳도 마음에 들었다. 메구로구 건물을 기다리며 마음이 급해진 건 아닐까 잠시 돌이켜봤지만 여태 본 물건을 모두 떠올려도 마음은 같았다. 한국에 연락해서 구입 의사를 전했더니 매매 가능하다는 답을 받았다. 그도 그럴 것이 이 매물은 내놓은 지 갓 3일째 되는 건물이었다. 이제 메구로구 건물과 가구라자카 건물 중 하나를 선택해야만 했다.

10

임장 끝!
드디어 결정했다

약 4개월간 총 20여 개의 건물을 임장했다. 건물을 사는 것은 정말 큰일이다. 그렇기 때문에 건물 거래를 주로 하는 사람들 입장에서는 그다지 많은 횟수가 아닐지도 모른다. 건물을 사려면 최소 1년은 봐야 한다는 말도 있으니까 말이다. 다만 내 경우는 해외 투자이기도 하고, 비교적 명확한 목표가 있었기 때문에 좀 더 수월하게 끝낼 수 있었던 것 같다.

내가 건물을 사려고 한 이유와 목표를 정리하면 다음과 같다.

첫째, 부동산 투자의 지역 포트폴리오 늘리기이다. 서울 아파트에만 머물러 있던 시야를 더 넓혀서 보다 큰 차원의 투자 세계를 경험해 보고 싶었다.

둘째, 현금흐름의 창출이다. 직장에서 받는 월급으로는 내가 하고 싶은 일을 자유롭게 하는 데 한계가 있다. 월급만큼이나 안정적인 현금흐름을 만듦으로써 무언가를 시작할 수 있는 밑바탕이 되었으면 했다.

셋째, 나중에 일본으로 이주했을 때 내가 거주할 수 있는 곳을 원했다. 현금흐름은 물론 거주지까지 해결할 수 있다면 조금 준비가 덜 되었더라도 비교적 안정적으로 해외 생활을 시작할 수 있을 것 같았다.

마지막 남은 2개의 건물, 메구로구의 주택과 신주쿠구 가구라자카의 상가주택 중 내가 선택한 매물은 어떤 것이었을까? 바로 가구라자카의 상가주택이다.

메구로구의 주택을 포기한 가장 큰 이유는 금액이었다. 최종적으로 가격 협상이 원만하지 않았지만 그래도 대출은 가능한 수준이었다. 대출을 더 많이 받으면 살 수 있었다. 하지만 아무리 낮은 금리라도 대출 금액이 커지는 만큼 이자도 만만치 않아진다는 게 마음에 걸렸다. 또한 각 층마다 평수가 큰 맨션으로 구성된 매물이라 한 호실당 월세가 비싼 편이었는데, 만에 하나 공실이 나게 된다면 그 금액을 메우기 너무 버거울 것 같았다. 게다가 가격이 비싸다 보니 내가 가진 현금 전부, 남은 1엔까지 탈탈 털어야 해서 혹시 모를 상

황을 대비하기에도 역부족이었다. 월세를 받아서 현금을 확보하고
난 다음에도 상황은 마찬가지일 듯 보였다.

만일 내가 정해진 직장이 없이 일본으로 이주해야 하는 상황이
온다면? 그렇게 되면 그때에도 똑같이 공실을 두려워하며 무슨 일
이든 해서 돈을 벌어야 할지도 모르는 일이었다. 은퇴한 뒤에 아무
일도 하지 않으려는 생각은 아니지만, 원해서 하는 일과 어쩔 수 없
이 해야만 해서 하는 일은 천지 차이이다. 그렇기 때문에 굳이 그런
부담을 지고 싶지 않았다. 경제적으로 자유로워지고 싶어서 건물을
사려는 것인데, 오히려 얽매이게 된다면 목적과 수단이 바뀌어버릴
테니까.

가구라자카의 상가주택은 사무실과 주택이 적절하게 구성되어
있기 때문에 사무실 수요, 주택 수요를 모두 충족시킬 수 있다. 각
각 2호실, 3호실로 나뉘어져 있어 어느 정도 공실에 대한 두려움도
덜하다. 게다가 걸어서 지하철역 2개를 이용할 수 있다는 점 역시
임차인을 찾기에 더 수월해 보였다. 무엇보다 매매 가격이 내 예산
범위 내에서 약간 여유 있는 편이었다. 남은 금액은 만일의 상황을
대비할 수 있게 현금으로 보유하고, 월세를 받아 현금이 늘어나면
건물을 리모델링하거나 또 다른 부동산을 사는 등 새로운 계획을
세울 수 있을 것이다.

그 후 가구라자카 건물을 서너 번 정도 더 방문한 후, 최종 결정
을 했다. 신토미초 건물을 놓쳤던 경험이 있었기 때문에 마음을 정

한 이상 단 한 시간이라도 늦출 필요는 없었다. 임장을 하던 중간에 곧장 노트북을 켜서 매매의향서를 쓰고 PDF 파일에 도장을 찍었다. 그리고 한국으로 들어오는 날에 무사히 매도자의 매도 의사를 받을 수 있었다. 드디어 내 건물을 찾았다!

나만의 부동산 매물 조건 만들기, 일본의 부동산 유형

1 나만의 부동산 매물 조건 만들기

부동산 투자를 할 때 가장 중요한 것은 자신이 원하는 매물의 조건을 스스로 결정하는 일이다. 여기서 매물의 조건이란 그리 거창한 것이 아니다. 내가 물건을 살 때 어떤 점을 가장 중요하게 여기는지 생각해 보면 쉽다. 그 생각을 투자로 가져와서, 부동산을 취득할 때 어떤 기준을 가장 중요하게 여기면 좋을지 곱씹어 보는 것이다. 부동산 투자를 해본 적이 있는 사람이라면, 기존에 어떤 기준으로 투자를 결정했는지 떠올려보라.

100명의 부동산 투자자가 있으면 100가지의 선택 기준이 나온다. 어떤 사람은 지하철역을 최우선으로 여기고, 누구는 학군을 최우선으로 꼽는 등, 투자자들마다 중요하게 여기는 기준은 나 다르다. 그렇기 때문에 어느 것이 '옳다'고 단정 지을 수는 없다. 다만 부동산 투자자들이 통상적으로 꼭 확인하는 조건이 몇 가지 있는데, 입지, 학군, 신축, 직주근접 등등이다.

나는 도쿄 건물을 사면서 다음과 같은 기준을 세웠다.

백승의 1호 도쿄 부동산 조건

- 야마노테선 역의 근방 또는 노선의 안쪽에 위치
- 지하철역에서 도보 8분 이내
- 높은 수익률보다는 입지를 우선
- 준공 1987년 이후의 상가주택(또는 주택)

첫 번째 조건은 '야마노테선의 지하철역 근처이거나 그 안쪽에 위치한 부동산'이다. 야마노테선은 한국의 2호선과 기능은 물론 생김새도 매우 유사한 지하철 노선으로, 도쿄의 주요 지역을 순환한다. 특히 도쿄역, 신바시역, 신주쿠역, 하라주쿠역, 시부야역 등 대부분의 도쿄 핵심 지역을 지나가면서도 배차 간격이 짧고, 구간 요금도 저렴하다는 장점이 있어 도쿄 사람들의 대표적인 이동 수단으로 꼽힌다. 특히 도쿄역, 신주쿠역, 시부야역 등 오피스 지역을 모두 지나가기 때문에 그 자체가 도쿄 경제의 핏줄이자 심장이라고 할 수 있다.

서울에는 '2호선 불패'라는 말이 있다. 가장 많은 사람이 이용하고, 가장 중요한 장소를 지나가는 2호선 역 근방의 부동산은 실패할 확률이 매우 낮다는 의미이다. 사람들이 모이는 곳, 좋아

하는 곳이 바로 부동산의 핵심이기 때문이다. 나는 서울에서 2호선을 선택하듯이 도쿄에서는 야마노테선을 선택했다.

두 번째 조건은 '지하철역에서 도보 8분 이내의 부동산'이다. 일본인들이 지하철역에서 나와서 도보로 10분 이내에 도착할 수 있는 곳을 통상 역세권으로 여긴다기에 세운 기준이다. 도쿄에 거주한 적이 있는 사람이라면 대부분 공감할 것이다.

역에서 5분 이내의 집은 가장 좋은 위치로 여겨져 임대료가 가장 비싸게 매겨진다. 실제로 도보 5분 이내와 도보 10분 이내 집의 월세는 약 20% 가까이 차이가 난다. 도보 5분 이내의 집은 편리한 만큼 월세 부담이 커지기 때문에, 걷는 시간과 임대료 두 가지 모두 적당하다고 여겨지는 위치가 바로 도보 5~10분 이내라고 한다.

한국의 경우 '역까지 5분'이라고 하면 우스갯소리로 '마라톤 선수가 뛰어서 5분'이라고 할 만큼 실제로 5분이 걸리는 건지 모호할 때가 많다. 그러나 일본의 경우 매물 소개에 '도보 8분'이라고 쓰여 있으면 정말로 걸어서 8분이 걸린다.

참고로 일본 부동산 광고에서 표시되는 도보 1분은 약 80m의 거리를 의미하고 그 사실을 있는 그대로 기록한다. 실제로 구글 지도에서 역에서 매물까지 걸어서 가는 시간을 확인하면 매물 광고에 표시된 시간과 서의 일치했다. 임상을 하면서 도보 소요 시간을 직접 재보기도 했는데 큰 차이가 나지 않았다.

세 번째 조건은 '수익률보다 입지를 우선하자'이다. 이는 거의 모든 부동산 투자자들이 첫 번째로 꼽는 기준일 것이다. 아무리 수익률이 높고 저렴하더라도, 입지가 좋지 않으면 포기한다.

좋은 입지는 거창한 게 아니다. 내가 살고 싶은 집, 내가 근무하고 싶은 사무실을 생각해 보면 된다. 그곳은 분명 외곽보다는 도심, 언덕보다는 평지, 유흥시설보다는 편의시설이 많은 곳, 출퇴근이 좀 더 편리한 곳, 어린이집과 학교가 가까워서 아이들을 키우기 좋은 곳일 것이다. 이런 곳이 바로 입지가 좋은 곳이다.

'입지는 배신하지 않는다'는 원칙은 단 한 번도 틀린 적이 없다. 서울 부동산을 투자할 때도 그랬고, 주위의 투자 선배들이나 수많은 전문가들의 이야기를 들어봤을 때도 그랬다. 결국 부동산 투자의 기본은 '입지 분석'이다.

마지막 조건은 '준공 1987년 이후의 건축물'인데, 이는 일본에서만 해당하는 특수한 조건이다. 이것은 1981년에 발표한 〈신 내진 기준〉이라는 내진 설계 유무와 관계가 있다.

일본 부동산 투자를 할 때 피할 수 없는 자연재해인 지진을 리스크 항목으로 꼭 고려해야 한다. 지진이 나더라도 피해를 덜 받는 부동산을 선택해야 하는 것이다. 특정 시점 이후부터 일본에서 큰 지진이 일어났을 때 건물 자체가 붕괴된 일이 드물어졌다. 재난은 대부분 도로가 침하되거나 해일이 들이닥치면서 생겨났지, 건물의 붕괴 때문에 생기는 일은 거의 사라졌다. 특정 시점이 언제였느냐 하면, 바로 진도 6~7 수준을 견딜 수 있게 하는 설계가 적용된 1981년의 〈신 내진 기준〉 적용 이후이다.

〈신 내진 기준〉은 지진 설계에 있어서 가장 중요한 기준이다. 일반적으로 빈 땅에 건축을 한다고 하면 착공-건축-완공-준공(허가 포함)의 절차를 거치는데, 건축 시작에서부터 완료에 이르기까지 통상적으로 약 1~2년의 기간을 잡는다. 그렇다면 1981년에 건축을 시작한 경우 건물 완성 연도는 1982~1984년이 된다. 따라서 1984년 이후 준공된 건축물이라면 〈신 내진 기준〉을 만족시킨다고 보는 것이다. 〈신 내진 기준〉의 적용 여부에 따라 단 몇 년 차이로 건물 평가액과 매매가액의 차이가 많이 난다.

나는 〈신 내진 기준〉을 만족하는 준공 연도(1984년)를 기준으로 하되 건축 기간에 조금 더 여유를 두어 1987년을 내 매물의 기준으로 세웠다.

이와 같이 부동산 매물을 고르는 기준을 미리 정해두면 선택과 결정에 큰 도움이 된다. 매물을 바라볼 때 각각의 기준을 적용하면서 평가하다 보면 조금 더 객관적인 시선으로 매물을 볼 수 있다. 부동산을 검토할 수록 이 매물 저 매물 다 갖고 싶어질 때가 있다. 하지만 내가 가진 돈은 한계가 있는 법. 갖고 싶은 것 중 나의 기준에 맞는 게 무엇인지 냉정하게 판단할 술 알아야 후회 없는 선택을 할 수 있다.

2 일본의 부동산 유형

레지던스와 타워맨션

도쿄 거리를 돌아다니다 보면 고개를 아무리 젖혀도 건물 꼭대기가 보이지 않는 빌딩을 마주할 때가 많다. 혹은 그렇게 높은 빌딩을 짓고 있는 현장을 흔히 접할 수 있다. 이런 빌딩은 대부분 오피스빌딩 또는 타워맨션, 레지던스이다.

서울에서는 아파트면 아파트, 오피스텔이면 오피스텔로 형태를 나누어 짓는 경우가 많지만, 일본에서는 큰 빌딩 안에 두세 가지의 형태를 혼합하여 짓는 경우가 많다. 예를 들어 저층에는 쇼핑몰이 있고, 고층에는 호텔과 컨벤션 센터, 레지던스, 오피스텔이 전부 함께 있는 것이다.

각종 상업시설과 오피스가 함께 있는 오피스빌딩, 상업시설과 주거시설이 함께 있는 타워맨션, 레지던스는 최근 일본 부동산에서 핫 키워드이다. 서울도 그렇지만 도쿄 부동산에서도 신축이 강세이다. 오히려 서울보다 더 낡은 부동산이 많은 도쿄이다 보니 신축 강세 현상은 나날이 심해지고 있다. 실제로 타워맨션이

표6 한국과 일본의 용어

한국식 용어	일본식 용어
오피스빌딩	오피스빌딩 オフィスビル
주상복합, 고층 아파트	타워맨션 タワーマンション, 레지던스 レジデンス

나 레지던스는 생활 편의성도 좋고, 새 건물인 경우가 대부분이므로 수요자들에게 큰 인기를 얻고 있고, 이에 따라 일본 현지의 부동산 투자자들이 가장 많이 주목하는 유형으로 떠올랐다.

초고층 타워맨션이나 레지던스가 최근 들어 나타나기 시작한 이유는 내진 설계 기술의 발달에서 찾을 수 있다. 일본인들은 어려서부터 크고 작은 지진을 매년 겪으며 살아왔기 때문에, 지진에 대한 공포와 익숙함이 혼재되어 있다. 아무리 지진이 익숙해졌다고 하더라도 당연히 자신의 거주지는 안전하기를 바랄 것이다. 그래서 일본인들은 대체로 낮은 건물에 살기를 선호했는데, 최근 지진을 견딜 수 있는 기술이 발전하면서 이러한 분위기가 조금씩 반전되고 있다.

타워맨션은 20층(높이 60미터) 이상의 건물을 말한다. 기준이 20층인 이유는 20층이 넘어갈 경우 그에 맞게 더 강화된 안전 진단을 받기 때문이다. 층수가 높을수록 안전에 대한 요구가 높아지고, 그만큼 더 엄격한 기준이 적용되기 때문에, 어설프게 지은 맨션(아파트)보다 20층 이상의 타워맨션이 더 안전할 수 있게 된 것이다.

또한 생활의 편의성을 1순위로 치는 타워맨션은 대부분 역세권에 위치해 있고, 내부에 헬스장, 수영장, 정원 등 다양한 커뮤니티 시설이 포함되어 있다. 또한 가상 신축인 타워맨션은 가격도 상당하고 멋진 조망과 고급시설을 갖추고 있어 부의 기준으로 자리매김하고 있기도 하다.

소위 '잃어버린 20년'을 거치며 일본에서는 부동산에 대한 인식이 부정적인 것이 사실이었다. 즉, 부동산을 사면 감가상각이 될 뿐이며, 추후 되팔 수도 없어 골칫덩이가 된다고 생각했다. 그러나 최근 신축의 인기가 높아지고 도심에서 부동산 시세가 5년 이상 상승하는 것을 목격하면서, 사람들의 인식이 조금씩 달라지고 있다. 과연 이제 일본에서도 부동산 호황이 '신축 불패'이면서 '타워맨션 대세'인 새로운 시장으로 전개될지 기대가 된다.

잇코닷테, 1동아파트·1동맨션, 구분맨션

도쿄에는 사람이 북적이는 도심 한가운데에도 한국의 빌라 같이 생긴 건물이 빼곡히 들어서 있다. 좁은 골목과 4~5층가량의 낮은 주택들, 또는 단독주택들이 늘어선 거리의 모습은 일본의 대표적인 풍경이다.

편리한 신축 타워맨션이 인기를 끌기 시작했지만, 아직까지도 대부분의 일본인들은 단독주택이나 수십~수백 세대 정도의 소규모 아파트, 낮은 빌라에서 주로 거주한다. 타워맨션의 물량이 그만큼 적기도 하고, 일본인들의 개인주의적인 성향상 생활양식이 소규모로 맞춰져 있어 한국처럼 육아나 일상을 공유하는 커뮤니티 시설이 갖추어진 대단지 아파트에 대한 필요가 크지 않기 때문이기도 하다.

표7 한국과 일본의 용어

한국식 용어	일본식 용어
단독주택	잇코닷테一戸建て
다가구, 상가주택	1동아파트 1棟アパート 1동맨션 1棟マンション
빌라(다세대주택)	구분맨션区分マンション
아파트	맨션マンション

또한 앞에서 말했지만, 지진과 태풍이 자주 일어나는 지리 특성상 아직까지도 많은 일본인이 높은 건물을 선호하지 않고 관습대로 낮은 곳에서 살아간다. 아무리 내진 설계가 잘되어 있다고 해도 자연재해가 발생하면 대피하기 쉽지 않고, 실제로 재해가 닥쳤을 때 무슨 일이 일어날지 모른다는 심리적인 불안감 때문일 것이다.

이렇게 혼자서 생활하는 데 익숙하고, 지진이 일상이 된 일본인들에게는 한 동짜리 아파트나 빌라, 단독주택 등 소규모의 저층 주거단지가 대표적인 주거문화로 자리 잡게 되었다.

'그래도 높은 곳은 무서워'라는 인식 때문에 많은 일본인이 고층 맨션을 선호하지 않지만, 사실 일본에서 고층은 30~40층 수준이다(면적은 늘릴 수 있어도 높이를 올리는 건 제한되어 있다). 일본인들이 50층이 넘는 한국의 초고층 아파트를 보면 어떤 생각을 할지 궁금하기도 하다.

아파트라고 해서 다 같은 아파트가 아니다

한국과 일본 모두 '아파트'라는 이름의 부동산 유형이 있지만, 가리키는 것은 서로 다르다. 한국의 아파트가 각종 커뮤니티 시설과 편리한 주거 시스템으로 많은 사람이 선호하는 거주용 집단주택이라면, 일본의 아파트ｱパート는 2층짜리 집단주택이나 임대용주택을 가리키는 것으로 오히려 그 의미가 반대이다. 일본인들은 아파트를 그다지 선호하지 않는다. 이들은 '아파트'라고 하면 낡고 오래된 건물의 주택 또는 공공 임대용주택 등의 이미지를 떠올린다. 일본에서 한국의 아파트와 비슷한 유형의 부동산은 맨션이나 타워맨션, 레지던스이다. 이런 곳들은 살기 편리하고 비교적 신축이고 고급스러운 이미지를 가진다.

원룸맨션

1인 가구의 대명사 일본. 그만큼 수요도 공급도 많은 유형이 있다. 바로 원룸(원룸맨션)이다. 한국에서 빌라(다세대주택) 1호 또는 오피스텔 1호와 유사하다.

표8 한국과 일본의 용어

한국식 용어	일본식 용어
원룸	원룸맨션 ワンルームマンション

일본은 1인 가구가 많은 나라다. 늘어나는 1인 가구로 원룸의 수요 또한 지속적으로 늘고 있다. 1~2인 가구는 부양할 가족이 없어 육아시설이나 취사시설 등 필요한 시설이 많지 않다. 대신 자신에게 중요한 것들을 우선순위에 두는 경향이 있다. 깨끗할수록, 편리할수록 인기가 있다. 지하철과 가깝거나 연결되어 있으면 금상첨화이다.

그 밖의 부동산 유형

표9 한국과 일본의 용어

한국식 용어	일본식 용어
상가, 사무실	구분점포 区分店舗 구분사무실 区分事務所
상가주택	병용주택 併用住宅, 店舗付住宅
창고, 공장	창고, 공장 倉庫, 工場

4장

험난한
은행 신고

01

은행에서
사전 신고를 하다

장장 4개월에 걸친 임장 여정 끝에 드디어 결정의 순간을 지났다. 부동산 투자에서 가장 중요한 고개를 넘은 것이다. 하지만 앞으로 남아 있는 여정이 더 길고 험난할 수도 있다. 그러니 마음을 잘 먹어야 한다. 이제 다음 단계는 은행 신고이다.

개인이 실사용을 목적으로 해외 송금을 하거나 적은 금액으로 해외 주식 투자를 한다면 별 다른 사전 신고 없이 추후에 대상자가 되는 경우에만 신고를 하면 된다. 하지만 해외 부동산 투자의 경우에는 사전 신고가 필수이다. 해외에 있는 부동산을 개인이 취득하는 경우와, 부동산 투자 법인의 지분에 참여하여 간접적으로 투자를 하는 경우 모두 해당된다.

이는 해외 투자를 할 때 적법하고 투명하게 투자하겠다고 미리 알리는 것이다. 만일 사전 신고를 하지 않고 자금을 반출한다면, 나중에 투자금을 회수하거나 수익을 들여올 때 불성실신고로 문제가 될 수 있다. 얼마가 어떻게 투자되었고, 수익은 얼마큼 났으며, 발생한 소득의 과세를 언제, 어디서부터 매겨야 할지 등의 기준이 모호해질 수 있기 때문이다.

제일 먼저 할 일은 외화 통장을 만드는 것이다. 해외 주식을 살 때 해외 주식용 계좌를 만든 다음 환전을 하듯, 외화 통장을 만들고 원화를 엔화로 환전해 송금 가능한 상태로 준비해 놓는다.

대부분의 시중 은행에서 각종 통화를 한 통장에 넣을 수 있는 외화 통장을 만들 수 있다. 엔화뿐 아니라 달러, 유로, 위안 등의 통화를 하나의 통장에 보관할 수 있어 해외 투자자는 물론 외화를 보유하고 싶어 하는 사람들이 편리하게 사용할 수 있다. 환전 우대나 금리 등 은행마다 다양한 혜택을 제공하는데, 비용을 크게 절감할 수 있는 혜택은 거의 없다. 따라서 통장의 혜택을 따지기보다는 앞으로 송금이나 신고 업무를 원활히 할 수 있는 은행 지점을 고르는 편이 좋다.

통장을 만든 다음 해외 투자를 위한 신고를 알아보기 시작했다. 처음에는 은행의 고객센터로 전화해 봤는데 역시나 자세한 상담을 위해서는 지점을 방문하라는 답변을 받았다. 그래서 두 군데의 은행 지점에 방문했다. 두 곳에 들른 이유는 첫 번째 지점에서 이 신고 절차에 대해 잘 알지 못했기 때문이다. 은행에서 하는 일이 워낙 많다 보니 모든 은행 지점이 모든 업무에 특화되어 있는 것은 아니었다. 해외 투자 신고 경험이 없는 지점이라면 말 그대로 내가 총대를 메고 은행원과 함께 길을 개척해야 했다. 하지만 안 그래도 일본 투자가 처음이라 신경 쓸 데도 많은데 신고 업무까지 신경을 곤두세울 수는 없었다. 은행 업무만큼은 담당자가 주도적으로 이끌어줄 수 있기를 바랐다.

하루에 모든 일을 끝내려고 마음먹고 별로 남지 않은 휴가를 썼는데 오전을 통째로 날려버렸다. 두 번째는 허탕 치는 일이 없어야 하기에 여기저기 전화를 돌려 해외 투자 업무 경험이 있는 지점을 찾아냈다. 그곳에서 다시 안내해 준 서류들을 챙겨 부랴부랴 달려갔다.

두 번째로 방문한 지점은 다행히도 해외 투자 신고를 여러 번 진행했던 곳이었다. 덕분에 신고 절차에 대해 자세히 안내받았다. 다만 문제가 있었다. 내 생각처럼 하루아침에 끝낼 수 있는 일이 아니었던 것이다. 곧장 신고를 완료할 수 없었던 가장 큰 이유는 투자할 금액을 1엔 단위까지 정확하게 작성해야 하기 때문이었다(달러로 환산해서 작성한다). 이제야 계좌를 만든 데다 아직 모든 자금을 넣어두지 않았기 때문에 환전도 다 끝내지 못한 상태였다. 결국 그날 바로 신고 서류를 접수하지 못했다.

또 한 가지, 해외 투자의 경우 해외 투자 신고 업무를 전담할 은행 지점을 지정하는 '해외 투자 지정 은행 신고'가 필수라고 했다. 투자의 시작부터 앞으로의 모든 절차를 지정한 지점에서만 처리해야 한다는 것이다. 앞으로 계속될 환전, 송금 업무에서부터 각종 사전 신고, 사후 신고까지 모두 한 곳에서만 해야 한다. 안타깝게도 두 번째로 방문한 지점은 집과 직장에서 너무 멀어서 업무를 계속하기에 무리였다.

결국 하루 종일 발에 불이 나도록 뛰어다녔지만 신고를 완료하지 못한 채로 집에 돌아왔다. 그래도 외화 통장을 만들고 신고 절차도 자세히 알게 됐으니 절반은 왔다. 매도한 아파트의 중도금과 잔금이 들어오면 마저 환전하고 서둘러 신고 절차를 마무리하면 된다. 다행이었다.

예상치 못한
환율 리스크

건물도 결정했고 외화 통장도 만들었고 신고 절차도 잘 알아두
었다. 이제 계약을 하고 건물을 무사히 인도받는 일만 남았다. 남은
절차들을 머릿속에서 시뮬레이션하면서 평소와 같이 하루하루를
보냈다. 그런데 갑자기 전혀 예상치 못한 문제가 생겨버렸다.

2019년 8월 7일, 일본이 한국을 '화이트리스트'에서 제외하겠다
고 발표했다. 한국을 일본 전략물자의 수출 심사 우대국에서 제외
하겠다는 것이었다. 화이트리스트에서 제외되면 우리나라의 주요
산업인 반도체 쪽에 큰 악재가 될 수 있다. 그리고 이러한 예측은 한

국 경제에 갑작스러운 불안감을 조성하여 결국 환율 폭등이라는 결과를 낳게 된다.

일본과 한국의 경제 문제는 대부분 한국의 원화를 안전자산인 엔화와 달러로 이동시키는 현상을 만든다. 1,080원대에 머물러 있던 환율이 8월 13일이 되자 1,160원까지 치솟았다. 일본 투자에서 가장 큰 장점이라고 할 수 있는 엔화 투자는 이럴 땐 치명적인 약점이 되어버린다.

일본에 투자를 하려고 모든 것을 세팅해둔 내가 이런 상황을 지켜보며 어떻게 냉정할 수 있었을까? 갑자기 치솟는 환율 그래프를 보고 있자니 1,200원, 1,300원으로 계속 올라갈 것만 같아 너무나 불안했다. 환율을 예측하는 일은 사실상 거의 불가능하기 때문에 엔화가 많이 오를 경우를 각오하긴 했다. 하지만 아무리 각오했다고 해도 예측 범위보다 너무 많이 올라버려 이제는 돈이 부족할지도 모르는 상황까지 와버렸다. 100엔이 1,080원일 때는 5,000만 엔을 위해 5억 4,000만 원가량이 필요했지만, 1,150원이 되면 5억 7,000만 원 이상이 필요하다. 빠듯한 예산 앞에서는 단 몇천만 원의 차이도 큰 부담이 될 수밖에 없다.

이렇게 해외 투자를 진행할 때는 환율의 추이를 늘 면밀하게 살펴보고 있어야 한다. 수익률을 계산하거나 환전, 송금을 할 때에도 중요하지만 초기 투자금이 단숨에 몇천만 원 차이가 나게 될지도 모르는 일이기 때문이다. 따라서 여유가 있는 상황이라면 환율이 유리할 때 미리미리 환전을 해서 외화 통장에 돈을 넣어둔 상태로 일을 진행하는 것이 좋다.

다행히도 치솟던 환율은 한 달 만에 안정세를 되찾았다. 매도한 아파트의 잔금이 들어올 일정이 아직 남아 있었기 때문에 일부 금액은 8월에, 나머지 금액은 9월에 환전을 하여 통장에 돈을 마련해 두었다. 결과적으로 예산 범위 안에서 해결할 수 있긴 했지만 당시 일이 벌어졌을 때는 정말로 아찔했다.

예전에 투자 선배들에게 들은 이야기가 생각났다. 한국에서 건물을 사기 위해 임장을 다니려면 돈이 준비된 채로 다니라는 얘기였다. 수중에 돈이 없거나 곧 들어올 상태에서 매물을 아무리 살펴봤자 시장조사에 불과하다고 말이다. 아파트나 빌라 같은 주택도 마찬가지겠지만 특히 건물의 경우엔 그 땅과 건물은 딱 하나이기 때문에 임장했을 때의 상황과 나중에 정말로 사게 됐을 때의 상황이 달라질 수 있다. 처음 임장 때의 가격과 나중에 돈이 생긴 시점의 가격이 달라질 수 있다는 것이다.

해외 투자는 여기에다 환율의 변동까지 더해진다. 지금의 5,000만 엔은 그때의 5,000만 엔과 다를 수 있다. 환율이 떨어진다면야 별 문제가 없지만 만약 오르면 모든 일이 물거품이 될지도 모른다. 따라서 여유 자금을 마련해 두거나(사실상 불가능하다), 미리미리 환전을 해두어 외화를 보유하고 있는 것이 좋다.

03

실수에는
대가가 있는 법

아찔했던 환율 롤러코스터를 겪은 뒤 환전을 모두 끝냈다. 이제 내가 가진 엔화가 1엔 단위까지 명확해졌고, 그 즉시 은행에서 알려준 대로 차근차근 신고 서류를 작성해서 제출했다. 얼마 남지 않은 귀한 휴가를 하루 더 내서 오전에 일을 끝마쳤다.

해외 부동산 투자 신고는 우선 내가 '어떻게' 투자를 하느냐에 따라서 달라진다. 첫 번째로 결정해야 할 것은 직접 부동산을 사느냐, 아니면 부동산 투자를 위한 법인을 세워 그 법인에 투자하느냐이다. 외국인이 직접 부동산을 매매하는 것은 쉽지 않고 대출 평가에서도 불리한 면이 있기 때문에 대부분은 법인 투자를 하게 된다. 법인 투자에 대한 자세한 이야기는 뒤에서 다루겠다.

법인 투자를 결정했다면 두 번째로 결정해야 할 것은, 법인의 지분을 직접 취득하는 투자를 할 것인지, 아니면 법인에 돈을 빌려주고 의사결정에 대한 권한만 받는 투자를 할 것인지이다. 이 두 가지만 명심한다면 은행 신고를 할 때 큰 어려움은 없을 것이다.

나는 일본 현지에 법인을 세우고 그 법인에 돈을 빌려주는(투자를 하는) 형태를 선택했다. 이렇게 되면 돈을 보내는 주체는 나이고, 받는 곳은 일본 현지의 법인 통장이다. 법인은 내가 보낸 돈과 현지 은행에서 받은 대출을 합한 돈으로 일본 현지의 부동산을 사게 된다. 그리고 그 부동산으로 법인에 매월 수익이 발생한다.

그러면 내가 법인에 돈을 보낸 것, 법인이 현지에서 대출을 받은 것, 법인이 일본에서 부동산을 사서 부동산 사업을 하는 것, 부동산 사업을 하면서 수익이 발생하는 것, 이렇게 총 네 가지로 대표되는 일이 발생한다. 이 네 가지를 설명하는 서류를 은행에 제출하면 된다.

서류를 접수한 다음에는 수정이 어려우므로(정정신고 절차를 처음부터 다시 거쳐야 함) 반드시 처음부터 잘 알아보고 신중하게 해야 한다. 모르는 것이 있으면 은행원에게 꼼꼼하게 물어보는 등, 사소한 것 하나도 놓치지 않아야 한다.

이렇게 당부하는 이유는 내가 바로 그 귀찮은 과정을 거쳤기 때문이다. 내 돈을 내가 송금하겠다는데 세부 내용이 뭐 그리 중요할까 하는 안일한 마음이 있었던 게 사실이다.

우선 첫 번째로 잘못했던 건 법인의 지분을 취득하는 방식으로 신고를 한 것이다. 나중에 확인해 보니 지분만 취득하는 것보다 법인에 돈을 빌려주는 형태로 시작하는 것이 세금 면에서 유리했다. 그래서 신고를 다시 해야 했다.

두 번째로 잘못한 건 법인 설립을 사전 신고가 아닌 사후 신고로 진행한 것이다. 자본금이 될 금액을 가지고 가서 현지의 사법서사와 동행하여 법인을 설립했는데, 사전 신고 없이 진행한 터라 문제의 여지가 있었다. 다행히도 일정 기간 안에, 일정 금액보다 적은 자본금의 법인이라면 사후 신고로도 대체가 가능하다는 조항이 있어 무사히 통과했다.

내 경우는 다행히 통과했지만 항상 만일의 상황이 생길 수도 있다는 것을 염두에 두어야 한다. 해외 부동산 투자를 할 때는 모든 서류가 '사전 신고'인 것을 꼭 기억하길 바란다.

결국은 똑같은 절차를 두 번이나 밟아야 하는 불상사가 벌어졌다. 신고 자체에 2배의 시간이 걸리다 보니 송금을 비롯한 모든 일정이 미뤄지면서 굉장히 빠듯해져 마음고생을 꽤 많이 했다. 은행 신고 과정은 꼭 미리 파악한 뒤 시간 여유를 두고 하기를 권한다.

04

툭 튀어나온
중계은행

우여곡절 끝에 은행 신고를 모두 마쳤다. 그리고 일본 법인 계좌로 송금을 신청했다. 어라, 그런데 또 문제가 생겼다. 신고도 잘 끝냈고 송금도 은행에서 해주는 것인데 대체 뭐가 문제였을까?

바로 한국에서 해외로의 송금이 실시간으로 이루어지지 않는 것이었다. 요즘 같은 세상에 돈을 보내는데 며칠이란 시간이 걸릴 거라고 생각이나 했을까? 그런데 그런 일이 있었다. '중계은행'을 거쳐야 하기 때문이었다.

해외 송금을 할 때는 만에 하나 실수를 일으키지 않기 위해, 이 자금이 탈세나 자금 세탁 등 불건전한 대상은 아닌지 확인하기 위해, 국가 간 자금이 옮겨지면서 환율 등에서 문제되는 건 없는지 확인하기 위해, 그리고 기타 여러 이유 때문에 제3자 격인 중계은행이 개입된다. 일본 현지 은행으로 송금을 신청하면, 중계은행이 이 송금 건에 아무 이상이 없음을 확인한 다음 현지 은행으로 송금을 허가해 준다. 여기에는 약 2~3일이 소요된다.

이러한 사실을 송금을 하고 나서야 알게 되어 적잖이 당황했다. 송금 신청한 시점이 계약일로부터 6일 전이었는데, 영업일로 치면 4일 전이었다. 즉, 계약일이 다음주 월요일인데 송금을 신청한 날은 그 전주 화요일이었던 것이다. 은행원은 늦어도 3일 안에는 송금이 될 테니 걱정하지 말라고 했지만, 만약 중계은행에서 일처리가 늦어진다면? 그러면 내 계약은 어떻게 되는 걸까? 모든 돈을 다 송금한 뒤인데 말이다.

다행스럽게도 은행원 말대로 3일 뒤인 금요일에 일본의 법인 계좌에 입금이 되었고 계약을 무사히 치렀다. 하지만 나는 송금이 완료될 때까지 마음을 졸이며 기다려야 했다. 할 수 있는 게 아무것도 없었고 그저 중계은행의 처리 결과를 기다려야만 했기 때문에 너무나도 막막했다.

만약에 송금이 안 된다면 돈을 직접 인출해서 들고 가야 하나? 모든 돈을 다 송금을 해버렸는데 계약금은 어디서 구하지? 누구에게 빌려야 하나? 만일 그렇게 되면 신고한 서류들을 다 수정해야 할 텐데? 현금을 든 채로 비행기를 타고 출국할 수 있나? 잔금일을 미루면 어떻게 될까? 온갖 최악의 상황이 다 떠올랐다. 며칠 동안 신경이 쓰여 잠도 자지 못했다.

어쨌든 아슬아슬하게나마 모든 것이 잘 처리되었지만, 지금 생각해도 너무나 아찔한 경험이다. 사실 이러한 모든 경험은 은행 신고를 제대로 파악하지 않은 채 무작정 처리하려 들었기 때문에 벌어진 일이다. 그러니 반드시 은행 서류 신고와 해외 송금을 사전에 꼼꼼하게 파악하고 미리 해두길 당부한다.

은행 신고 서류들

'해외직접투자신고서'란 해외에 투자하고자 하는 종목이 무엇인지, 어떻게 투자할 것인지, 투자 금액은 얼마이고 목표 수익이 얼마인지 등에 대해 기술하는 보고서 형식의 서류이다. 용어가 조금 생소하고 어려운 부분이 있을 수 있지만, 지정 은행의 은행원들이 모든 항목을 친절하게 설명해 주기 때문에 걱정할 필요는 없다. 말 그대로 보고를 위한 서류라 '누가 언제 어디서 무엇을 어떻게 왜' 투자할 것인지에 대해 이야기한다고 생각하면 된다.

'사업계획서'도 함께 제출해야 하는데, 평소 개인으로 접하는 여러 서류들과 내용이나 형식이 다르기 때문에 어떻게 작성해야 할지 감이 잡히지 않을 수도 있다. 이때는 부동산 투자를 내가 가진 금액을 투자하여 일정 수익을 발생시키는 '사업'으로 바라보면 그 개념을 이해하기 편하다. 내가 가진 돈으로 무엇을 사서,

| 표10 | 해외 투자 시 필요한 서류 법인 현황 |

서류 이름	내용	작성하는 주요 항목	제출처
해외직접투자 신고서	해외 투자를 하는 모든 사람이 작성	신고인 개인정보, 투자금액/목적/방법	시중은행 (지정은행)
외화증권(채권) 취득보고서	해외 법인에 투자를 하는 경우 작성	법인 현황, 법인 증권/채권 취득 내용	시중은행 (지정은행)
사업계획서	해외 법인에 투자를 하는 경우 작성	투자방법, 사업개요, 자금조달/운용계획	시중은행 (지정은행)
연간사업실적보고서	수익금, 사업 운용 현황 등을 보고	수익현황, 경영실태, 결산서(세무보고서)	시중은행 (지정은행)
보증계약신고서	해외 대출을 받으면서 보증 계약을 한 내용을 신고	보증채권자/채무자/ 수혜자, 보증기간, 상환 방법	한국은행

얼마큼의 수익을 만들어낼 것인지 하나의 사업을 구상하듯 그 구조를 짜보는 것이다. 이 사업을 하기 위해 얼마가 필요한지, 매월 얼마의 월세를 받아서 수익을 만들 것인지, 앞으로 향후 몇 년간 이 부동산을 운용할 것인지 작성하면 된다. 그것이 바로 사업의 개요, 운용 계획, 투자 현황 등이다.

그림6은 법인 투자 시 각 단계별로 어떤 서류가 필요한지 정리한 그림이다. 참고하길 바란다.

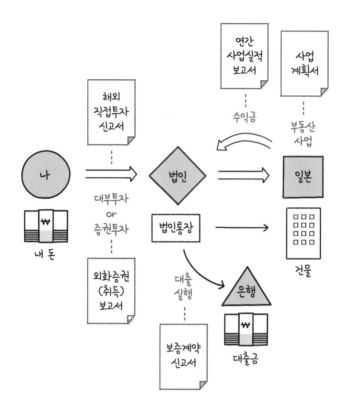

그림6 각 단계별 필요 서류

5장

일본 부동산
거래의
절차 밟기

01

매매의향서를
넣다

한국에서는 부동산 계약을 할 때 우선 중개인에게 매매 의사를 전하여 매도인의 확인을 받고 매도인의 계좌로 약간의 가계약금을 넣는 것이 계약의 일반적인 첫 번째 단계이다.

일본에서는 매매의향서라는 문서를 작성하는 것이 첫 번째 단계이다. 매매의향서는 이 부동산을 사겠다는 의사를 담은 문서로, 매수인의 정보와 매매하고자 하는 금액, 계약하려는 내용 등을 포함한다. 이 문서를 받은 중개인은 매도인에게 전달하여 계약 의사를 확인한다. 가계약금이라는 개념이 일본에도 있기는 하지만 필수는 아니다. 정식으로 매매의향서를 작성하여 제출하는 것 자체가 한국에서 가계약금을 걸어 매매를 약속하는 가계약과 동일한 행위라고 보면 된다. 정식으로 쓰인 문서 한 장이 수백에서 수천만 원의 가계약금과 동일한 효력을 지니는 것이다.

다만 매매의향서를 내는 시점은 부동산에서 전달받은 기본적인 매물 정보만 알고 있는 상태로, 물건에 하자가 있는지 없는지 정확하게 알기 전이다. 게다가 건물의 감정평가 금액, 대출 가능 금액도 알기 전이기 때문에 만에 하나 건물에 하자가 있거나 대출이 나오지 않는다면 매매의향서를 취소할 수 있다는 특약 사항을 포함할 수 있다.

그런 다음 별 문제가 없을 거라는 전제하에 매도인, 매수인의 각 중개인들이 계약일까지의 일정을 정하고 필요한 서류를 작성하는 등, 세부적인 절차를 진행한다. 이때부터는 한국의 부동산 거래와 크게 다를 바가 없다. 각자의 일정에 맞춰 계약일을 정하고, 계약금(수부금手付金)과 중도금(중간금中間金) 비중을 결정한다. 일본에서는 대개 계약금은 5~10%, 중도금은 잔액의 일부를 지불하는데 이 비중은 상호 협의에 따라 변경할 수 있다.

나의 경우 당장 급한 것은 대출이 얼마나 나오느냐였다. 경험이 없어 아무것도 모르는 상태였으니까 말이다. 매매의향서를 내면서 동시에 은행에 신속하게 건물 감정평가를 해달라고 의뢰하였다. 심사 결과가 나온 뒤 무사히 대출을 받으면 끝난다. 그런데 잘 풀리던 상황에 또 문제가 생겼다. 매도인 측에서 대출이 나오지 않을 경우 계약을 파기할 수 있다는 조항에 문제를 제기한 것이다. 역시나 쉬운 건 없었다. 모든 절차마다 복병이 하나씩 숨어 있을 줄은 몰랐다.

그림7 일본 부동산 계약 순서

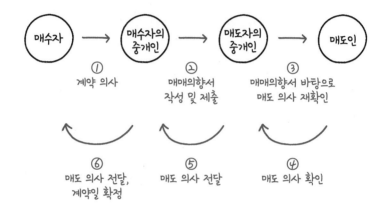

02

감정평가 결과는?

　건물을 평가하는 방법에는 여러 가지가 있다. '감정평가'는 전문
기관에 의뢰하여 감정평가사들의 평가를 받는 것을 일컫는다. '탁상
감정'은 은행 대출을 위한 것으로 은행 내부 기준에 따라 평가한 것
을 말한다. 결국 대출을 받으려면 이 두 가지가 모두 필요하다. 은
행에서는 탁상감정으로 1차 확인을 하고, 감정평가 결과를 참고하
여 2차 확인을 하기 때문이다. 감정평가든 탁상감정이든 소요 시간
은 최소 2주 이상이다.

　매매의향서를 작성할 때, 만일 대출이 나오지 않는다면 계약을 파

기할 수 있다는 조항을 넣어두었다. 당연한 조치였다. 대출이 나오지 않아 돈이 부족하면 건물을 살 수 없기 때문에 대부분의 매매의향서에 이 조항이 포함된다. 그런데 매도인 측에서 되도록 빨리 이 부분을 확정해 주기를 바란다는 메시지를 보내왔다. 표면상으로는 점잖게 '되도록 빨리 부탁드린다'고 했지만, 일본인의 입에서 나온 그 말은 계약 파기 조항이 포함된 매매의향서를 받아줄 수 없다는 말과 다름없었다.

매도인에게는 나름의 사정이 있었다. 매도인 역시 법인이었는데 내부 사정 때문에 올해 안에 반드시 이 건물을 매각해야 했다. 빨리 팔아야 했기에 시세를 반영하지 않고 매수한 가격 그대로 건물을 싸게 내놓은 것이다. 매도인은 7일 안에 계약일을 확정하지 않으면 대기 중인 다른 매수인에게 기회를 줄 수밖에 없다고 했다. 보통의 부동산 거래 일정은 계약을 하고 약 2~3개월 후에야 잔금을 완료한다. 하지만 어쨌든 매도인의 결정이니 나는 그것을 따라야만 했다. 조건을 맞춰주지 않으면 팔지 않겠다는데 어쩔 것인가.

결국 은행에 재촉하는 수밖에 없었다. 어떻게 해서든 7일 내에 대출 금액 범위를 알려달라고 했다. 은행에서는 난감한 반응을 보였다. 절차를 무시한 채로 무작정 빨리 처리할 수는 없으니까 말이다. 하지만 세상에 절대로 안 되는 일은 없다. 다행히도 담당 은행원이 큰 도움을 주었다. 담당 은행원은 건물 심사와 내 신용평가를 급히 처리해 주느라 여러 날 동안 밤 늦게까지 야근을 했다. 우리는 필요한 서류를 카카오톡으로 바로바로 주고받으며 분주히 움직였다. 최종적으로 은행에서는 대출 가능 규모만 확인하는 '가심사'를 먼저 해보기로 결정했다.

그 후 영업일로 5일째가 되는 날 은행에서 답이 왔다. 가심사를 통해 받은 건물 예상 가치와 내 신용을 반영한 대출 가능 금액을 확인하니 모두 예상 범위 내였다. 아니, 오히려 예상보다 대출이 더 많이 나와서 여유가 있는 상황이었다. 매도자가 매물을 저렴하게 내놓았다고 한 말이 진짜였나 보다 생각했다. 시세는 미래 가치와 수익률을 반영하기 때문에 평가금액보다 30% 이상 차이가 날 때가 많다. 하지만 이 건물은 시세와 평가금액의 차이가 20%도 채 되지 않았다. 생각보다 대출을 더 많이 받을 수 있다니, 정말로 잘된 일이었다. 결과를 받고 나서 즉시 매도인 측에 매매의향서를 '진짜로' 접수해 달라고 했고, 무사히 계약일을 잡게 되었다.

휴가가 얼마 남지 않은 상황이었기 때문에 계약일에 맞추어 은행 업무, 세무사 업무 등을 동시에 볼 수 있게 일정을 조율해야 했는데 그때마다 상대측에서 편의를 많이 봐주었다. 이후에도 상대측은 수도, 가스 명의 변경이나 자판기 계약 변경, 계좌 변경 등등, 외국인이 쉽게 처리할 수 없는 일들을 대신 해주기도 하고 많은 도움을 주었다. 모든 과정이 험난하기는 했지만 내가 인복은 있는 모양인지, 잘 끝낼 수 있었다.

03

대출이
2주 안에 나올까?

부동산을 거래할 때는 어느 정도 시간이 걸린다. 클릭 한 번으로 사고팔 수 있는 주식과는 달리, 부동산 거래는 상대방과 미리 약속을 잡고 만나서 계약서를 쓰고 일정 기간 뒤 중도금과 잔금을 지불하는 등, 일정한 시간이 소요된다. 왜 그럴까? 그 안에 누군가가 생활을 하며 살고 있기 때문이다. 거주용 부동산이라면 당연히 사람이 살고 있으므로 들어오고 나가는 일정을 맞춰야 하고, 이미 세가 들어 있는 상태에서 거래를 하더라도 매수자가 이곳의 잔금을 치르기 위해 다른 어딘가의 매도 과정을 끝내야 하는 등, 시간이 필요하다. 큰돈이 오가는 거래이기에 어찌 보면 당연한 모습이다.

그동안 열 번 정도 부동산을 사고팔면서 가장 빠르게 모든 거래를 끝내본 기간이 2개월이었다. 아파트 매수 의사를 밝힌 뒤 2개월 후에 잔금을 치른 것이다. 그런데 이번 일본 부동산 거래는 통상적인 부동산 거래의 모습과는 완전히 달랐다. 계약을 하고 나서 매도인은 '이번 달 안에' 잔금을 치러달라고 부탁했다. 계약일이 10월 중순이었으니, 10월 말에 잔금을 치러달라는 것이다. 이 큰 건물의 거래를 단 2주 만에 끝내자는 얘기였다.

이유는 앞서 말한 것처럼 매도인의 사정 때문이었다. 통상적으로 2~3개월이 걸리는 것이야 당연히 잘 알고 있지만, 회사 내부 사정 때문에 빨리 매도를 하고 싶다고 했다. 하지만 아무래도 힘들다면 올해가 넘어가지 않게만 부탁한다고 덧붙였다.

사실 매도인은 외국인 투자자를 만난 게 다행이었다. 나는 이미 투자할 돈을 일본에 보내놓은 상태였기 때문이다. 투자 신고도 끝냈고 법인 담당 세무사도 고용해 두었다. 무엇보다 돈이 통장에 고스란히 들어 있었기 때문에 잔금 대출 일정만 맞는다면 잔금을 빠르게 치르는 것이 나에게도 나쁘지 않은 일이었다. 통장에서 돈이 놀고 있는 것보다 하루 빨리 월세도 받고 법인 운영도 개시하는 게 이득이니까 말이다.

다만 문제는 잔금 대출이었다. 매매의향서를 확정하느라 무리하게 가심사를 한 데다 계약일이 되어서야 공식적인 평가 절차에 들어갔는데, 과연 2주 안에 대출 절차가 마무리될까? 혼자서 머리를 싸매고 있어봐야 답이 나올 문제는 아니었다. 결국 다시 은행 담당자에게 달려갔다.

잔금 대출을 위한 건물의 평가는 각 은행마다 가지고 있는 기준과 감정평가기관에서 받는 감정평가를 기준으로 한다. 평가가 완료되기 전까지 정확한 금액을 알 수 있는 방법은 없지만, 어느 정도 예측은 가능하다. 앞서 했던 가심사가 잔금 대출의 '예측용 심사'라고 생각하면 된다. 대개 공시지가(일본에서는 통상 고정자산세 평가액이라는 항목을 체크한다) 또는 매매가의 60~70% 수준으로 측정된다.

은행 담당자는 일정이 빠듯하긴 하지만 빠르게 진행하면 이달 안에 대출이 가능할 거라고 말했다. 나중에 든 생각이지만, 은행 역시 대출 실적을 올리려는 목적이 있어서 일을 빨리 진행해 준 것 같다. 어쨌든 잔금은 되도록 월말로 하되 피치 못할 사정이 생길 시 다시 협의하기로 했다.

잔금 대출도 잘 해결되었고 이제는 문제가 없으려니 싶었는데, 역시나 아니었다. 나는 혹시 문제를 일으키는 운명을 타고난 걸까?

이번에는 등기 서류가 문제였다. 분명 토지와 건물의 등기부등본을 모두 잘 확인하고 계약을 했음에도 미처 발견하지 못한 것이 있었다. 등기상에 아주 오래전 건물이 남아 있었던 것이다. 제일 처음 이 땅에 건물이 등재될 때 건축물이 2개가 있었다고 한다. 30년쯤 전에 그 건축물을 모두 철거했고 이번에 내가 산 건물을 신축했다. 그런데 등기부등본상에 아직도 그 오래된 건축물 중 1개가 남아 있었던 것이다. 실제로 그 땅에는 현재의 건물 하나만 있지만, 서류에는 두 개의 건축물이 있는 것처럼 쓰여 있었다. 이렇게 되면 문제가 생긴다. 특히 대출 실행이 어려워지는데, 나중에 권리문제가 생기는 등 불확실한 부분이 있을 수 있기 때문이다.

최종적으로 실체가 없는 나머지 건물 한 개는 등기에서 없애는 '멸실등기' 과정이 필요하게 되었다. 멸실등기는 조사관이 직접 현장을 방문해서 건물이 정말로 한 개만 있는지 확인하는 과정을 거쳐야 하기 때문에 시간이 적어도 2주는 걸린다고 했다. 이런. 잔금이 2주 후인데 말이다.

이런 일이 있을지 누가 예상이나 했을까? 계약 당시에 매매절차를 진행하기 어려운 문제가 발생할 경우 서로 협의하기로 미리 약속을 해둔 게 천만다행이었다. 결국 멸실등기 완료를 매도인이 책임지기로 계약서에 명시하고 잔금 대출에 문제가 없도록 협력하기로 했다. 혹시나 문제가 생기면 계약은 전부 무효가 되며 그 책임은 매도인이 지기로 하는 약정도 맺었다.

멸실등기 문제에서 내가 딱히 한 일은 없지만 사실 처음에는 조금 겁이 났다. 예상치 못한 일이 자꾸 생기다 보니 막연한 불안감이 자꾸만 솟아났다. 혹시 사기는 아니겠지? 계약이 엎어지는 건 아니겠지? 대출이 안 나오는 건 아니겠지? 실체 없는 불안감이 마음속에서 스멀스멀 피어났다.

부동산 투자에는 굉장한 마인드컨트롤이 필요하다. 어느 정도 정해진 시세가 있거나 다양한 정보를 수집할 수 있는 것이라면 모를

까, 난생처음 하는 투자이거나 불모지를 개척해 나가는 것이거나 누구도 정답을 알려주지 못할 때는 더욱 마음을 다잡아야 한다. 잘 몰라서 피어난 불안은 정보를 알아냄으로써 없앨 수 있다. 하지만 그것을 뛰어넘어 무언가를 판단하고 결정할 수 있게 하는 건 스스로의 확신과 자신감이다. 모르는 것은 끝까지 알아내고, 내 결정에 자신감을 가지고, 할 수 있다는 의지가 있다면 어떤 일도 헤쳐갈 수 있을 것이다.

04

잔금 끝!
나, 건물주 됐다

부동산을 '산다'는 것은 그 부동산의 소유권자가 된다는 것을 의미한다. 부동산의 소유권은 모든 부동산이 필수로 가지고 있는 문서인 등기부등본에 내 이름을 올리면서 최종적으로 넘어오게 되는데, 이를 '등기 이전'이라고 한다.

소유권은 그 부동산의 금액을 모두 지불한 시점부터 효력이 발생한다. 등기 이전이 완료되고 부동산의 등기사항전부증명서(일본의 경우 등기사항증명서)에 이름이 기재되면 부동산 매매는 끝난다.

다행히 멸실등기도, 감정평가도 모두 굉장히 빠르게 진행되었다.

문제를 일으키는 운명인 것 같긴 한데 다행히 좋은 운도 타고났나 보다. 앞서 약속한 잔금일인 '계약일로부터 2주' 후에 다시 만나서 최종 잔금을 치렀다.

잔금을 치르는 과정은 한국과 비슷하다. 당일에 사법서사(한국의 법무사), 부동산중개인, 매도인, 매수인이 한데 모여 잔금을 완료하고, 그 즉시 사법서사가 등기 이전을 신청한다. 잔금일에는 부동산 매매 시 꼭 확인해야 하는 체크리스트를 가지고 가는 것이 좋다. 그 자리에 여러 관계자가 참석할 뿐더러, 대출 서류를 작성할 것도 많아 뭔가를 놓치기 쉽기 때문이다. 그러므로 두 사람이 동행하거나, 시간이 걸리더라도 체크리스트를 하나하나 모두 확인해 봐야 한다. '공인중개사가 있으니 괜찮겠지', '알아서 잘 해주겠지'라고 생각하며 방심해서는 안 된다. 만에 하나 실수가 생기면 결국 모든 손해가

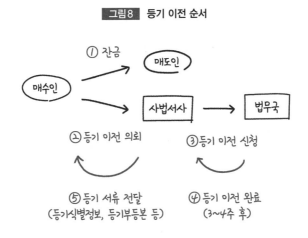

그림8 등기 이전 순서

나에게 올 뿐이다. 어느 누구도 내 돈을 대신 책임져 주지 않는다는 것을 명심하고 최선을 다해 신경 써야 한다.

특히 '등기권리증'은 해당 부동산의 소유 관계를 명시한 가장 중요한 서류이다. 부동산의 위치와 소유자 등을 기록한 이 서류는 부동산 거래에서 가장 중요한 역할을 한다고 봐도 무방하다. 그런데 일본에서는 최초 발행된 등기권리증이 분실되거나 훼손된 경우가 꽤 많다고 한다. 부동산 역사가 워낙 오래되다 보니 종종 발생하는 일인데, 만약 거래할 건물의 등기권리증이 없다면 동일한 효력을 지니는 대체 서류인 '등기식별정보'를 확인하면 된다.

등기권리증과 등기식별정보는 최초 발행 이후 다시는 추가 발급이 될 수 없는 서류이기 때문에 소중히 보관해야 한다. 우리의 소중한 집문서를 잃어버리지 않도록 꼭 유의하자.

등기 이전 완료까지는 약 2~3주 정도가 걸리고, 혹시 서류를 재작성해야 하거나 보완하여 제출해야 하면 시간이 더 지연될 수도 있다고 했다. 한국에 비해 꽤 긴 시간이었다. 잔금이 끝난 뒤 며칠 안에 내 이름이 적힌 등기서류를 받을 수 있을 줄 알고 마지막 남은 휴가를 탈탈 털어 일정을 길게 잡아뒀는데…. 아쉽게도 건물주가 됐다는 벅찬 마음을 안고 빈손(?)으로 서울로 돌아오게 되었다.

잔금일로부터 3주 정도 후, 사법서사에게 연락이 왔다. 드디어 등기 완료! 국제우편으로 약 일주일 정도 후에 서류를 받았다. 도착한 서류는 소유권이 변경된 등기식별정보와, 등기 신청 관련 정보가 기재되어 있는 등기완료증, 건물과 토지의 공시지가가 적혀 있는 고정자산평가 증명서까지 총 세 종류였다.

드디어 끝! 나는 도쿄의 건물주가 되었다!

계약할 때 받는 서류들

계약할 때 받는 서류 목록

각 계약마다 오가는 서류의 종류는 다를 수 있으므로 모든 부동산 계약에 필요한 필수 서류만 정리했다. 중요 서류들이 누락되지 않게 잘 체크해서 진행해야 한다.

표11 계약 시 필수 서류

서류 이름	내용	용도
개인정보 확인 서류	법인 등본, 주민등록증, 여권, 공인중개사 사업자등록증 등	실제 동일 인물 확인
매매계약서	부동산의 주소, 매매 가격, 중도금 일정 등	부동산 매매 가격 확인
중요사실확인서	각종 시설 현황, 지진 안정성, 내진 설계 여부, 석면 사용 여부 등	안전에 관련한 여러 기준 조항 부합 여부 확인
건물개요서, 건물 사진, 지도, 평면도 등	건물 주소, 용도, 지목, 도시계획 등 개요	매물의 전반적인 기본 정보 확인

하수도 시설 지도, 위급상황 현황도 등	실생활에 필요한 정보	실제 거주하는 사람들이 알아두어야 할 기본정보
도시계획정보, 건축 조항 등	지목, 도시계획, 건축 요건 등을 표시	건물 소유자가 알아두어야 할 지자체 계획

6장

매일 매일
투자 생활

01

해외 부동산 투자자의
여행법

오래전부터 일본 여행을 좋아했다. 특히 30대에 들어선 뒤 몇 년
간은 2~3개월에 한 번씩 일본을 갔는데, 지인들은 3박 4일이면 다
보는 도쿄에 도대체 왜 수십 번을 가며, 당일치기로도 충분한 후쿠
오카에서 도대체 왜 일주일씩이나 있다 오느냐고 답답해하며 물었
다. 그 여행 횟수와 일정이라면 유럽이든 미국이든 충분히 다녀올
수 있다면서 여행지를 추천받기도 했다.

유럽이나 미국에 안 가본 것은 아니다. 짧게는 일주일, 길게는 한
달 동안 여행을 해본 적도 있다. 여행의 기억이 굉장히 아름답게 남

아서 그때를 추억하면서 시간을 보내기도 한다. 하지만 그럼에도 언제부턴가 여행지를 선택할 때는 항상 일본을 선택했다. 간토, 간사이, 홋카이도 등, 어느 지역을 가더라도 갈 때마다 새롭고 풍성한 볼거리, 먹을거리에 놀라고 즐거워하며 좋은 추억을 쌓았다.

그중에서도 특히 제일 좋아하는 곳은 도쿄였다. 도쿄는 익숙한 한편 늘 새로웠고 같은 장소도 시즌마다 테마가 달라져 구경하는 재미가 있었다. 수십 번 도쿄를 다녀오는 동안 나에게 도쿄는 수십 가지 도시의 모습으로 남아 있다.

비행기 값이 저렴하고 비행 편도 많아서, 언제든 마음만 먹으면 당장 떠날 수 있다는 점 또한 내 취향에 딱 맞았다.

일본 부동산에 투자한 이후로 나의 일본 여행은 기존과 많이 달라졌다. 단순히 먹고 즐기기만 했던 여행에서 돈 벌 곳을 탐색하는 투자 여행이 된 것이다.

마치 지하철을 타고 옆 동네 부동산을 구경 가듯, 기차를 타고 지방으로 임장을 가듯, 이제는 일본으로 임장을 간다. 감탄의 대상이기만 했던 건물들 앞에서 그 가치와 땅값을 점쳐보고, 그저 맛있는 음식을 먹기만 하던 음식점에서는 임대료는 얼마고 수익률은 어떻게 될까 상상해 본다. 길을 걷다 마주한 타워맨션은 월세가 얼마인지, 그 주변에 어떤 시설이 있는지 검색하기도 한다.

이 동네는 어떤 분위기인지, 지하철역이 몇 개가 지나가는지, 가게들은 장사가 잘되고 있는지 등, 임장을 다니며 발견하는 새로운 장면들은 나에게 또 다른 즐거움을 준다. 이제 더 이상 도쿄는 내게 소비의 대상이 아니다. 돈을 벌어다주는 대상이다.

그게 무슨 여행이냐고 물을 수도 있겠지만 나는 이것을 '투자 여행'이라 부른다. 그리고 이 투자 여행은 나를 호기심 가득한 질문을 던지고 탐색하는 과정으로 이끌어준다. 부동산 투자자로서, 또한 해외 부동산 투자 시장에 뛰어든 신참으로서 새롭게 생겨난 시선은 나를 한층 더 성장시켰다.

언젠가부터 일본을 방문할 때마다 몇 년 후 이곳에서 살게 된다면 어떨까 하는 생각을 하게 된다. 현재의 투자에만 머무르지 않고 앞으로 내가 살아갈 곳과 투자할 곳을 계속해서 고민한다. 미래의 투자처이자 실제로 살 집으로 도쿄뿐 아니라 오사카나 후쿠오카 같은 일본의 제2, 3의 도시의 부동산을 마음속 후보로 정해두기도 했다.

길을 지나며 상상한다. 이 맨션의 내부는 어떨까? 정원이 있는 단독주택에 살면 어떨까? 이 동네 주민들은 어떤 사람들일까? 정말로 내가 이곳에 산다고 했을 때 떠올릴 수 있는 질문들이다. 흔히들 부동산 투자의 시작은 내 집 마련부터라고 한다. 이 원칙은 전 세계 어느 나라든 마찬가지인 것 같다. 부동산을 고를 때 내가 직접 들어가서 살 집이라고 생각하고 접근하면, 그 집의 조건을 더 상세하고 엄격하게 분석하게 되어 더 좋은 부동산을 고를 확률이 높아진다. 코로나19는 전 세계 사람들을 멈추게 했다. 이렇게 벌써 3년여 가량이 흘렀다. 다행히도 2022년 들어 코로나19의 심각성이 줄어들면서 조금씩 국경이 풀리고, 개인들의 자유로운 여행이 다시 시작되고 있다. 조금씩 과거의 모습으로 돌아가는 듯하다. 더없이 반가운 소식이다. 이제 잠시 멈추었던 일본행을 재개할 수 있게 되었다. 해외 부동산 투자자로서 즐겁게 상상하며 본격적으로 뜻깊은 투자 여행을 시작해 보기로 한다.

02

슬기로운
법인 투자

　나는 해외 법인으로 부동산 사업을 하고 있다. 따라서 사업을 위해 실제 소요되는 비용은 법인 경비로 처리할 수 있다. 이제부터 내가 일본에 방문하는 목적은 투자 법인의 실제 목적에 따른 것이므로 그때 발생하는 모든 경비를 법인의 활동 경비로 처리할 수 있다. 비행기값, 호텔값, 현지 숙식비용 등 대부분의 비용이 법인 활동비가 된다. 1년에 네다섯 번씩 방문하던 일본을 이제 큰 비용 부담 없이 갈 수 있게 되었다.

　이런 이야기를 사람들에게 하면 늘 똑같은 질문이 돌아온다. "그럼 공짜로 일본 여행 가는 거야?" 일부는 맞고 일부는 틀린 이야기이다. 왜냐하면 모든 비용을 다 공제받을 수 있는 것이 아니기 때문이다. 이 점을 잘 기억해야 혹시 모를 실수를 방지할 수 있다.

법인 활동으로 비용 처리가 가능한 금액은 말 그대로 '법인의 활동'을 위한 비용에 한한다. 예를 들어, 세무사님과 회계 상담을 하기 위해 사무실로 갈 때 이용한 택시비, 건물 관리회사 담당자들과 업무 미팅 시의 식사비, 현지에서 계약서 서류를 발송할 때 발생한 우편비 등등의 실비는 명백하게 법인의 활동을 위해 사용한 비용이므로 비용 처리가 가능하다. 하지만 업무에 필요하지 않은 개인적인 물건을 산 금액, 법인 활동과 상관없는 곳에서 쓴 돈 등, 법인 활동 이외의 목적으로 발생한 금액은 비용 처리가 되지 않는다. 개인적으로 사용한 돈을 법인에서 부담하게 하는 것은 부당한 사용내역으로 취급된다.

'에이, 설마 알겠어?'라고 안일하게 생각해서는 절대 안 된다. 만에 하나 문제가 생기기라도 하면 해당 법인은 일본 사회에서 완전히 신뢰를 잃게 되기 때문이다. 돈과 관련된 일을 속이는 '사기'에 가까운 행위를 한 법인으로 낙인찍혀 다시는 일본에서 경제활동을 할 수 없게 될지도 모른다.

일본 사회에서는 신뢰가 특히 중요하게 여겨진다. 일본인들은 타인과 관계를 맺을 때 극도로 신중한 대신, 일단 관계가 형성되면 상대방을 전적으로 신임한다. 일본 사회에서 누군가를 속이는 행위는 '앞으로 사회에 발 디딜 생각을 하지 않겠다'는 것과 마찬가지로 생각된다. 물론 사기꾼이 아예 없는 완전무결한 사회라는 얘기가 아니다. 다만 일본에서 사기 행각을 하는 사람은 사회에서 매장될 각오를 한, 갈 데까지 간 사람인 경우가 많다.

사기꾼들이나 몇십, 몇백억을 횡령하는 비양심적인 기업인들에 비하면 법인의 한두 푼 비용쯤이야 가볍게 생각할 수 있겠지만, '거짓 행위를 한다'는 사실 자체가 법인의 신뢰에 큰 흠집을 낼 수 있는 중요한 문제임을 기억하자. 신뢰를 중시 여기는 일본 사회의 특성을 충분히 이해하고 존중하는 성숙한 투자자가 되길 바란다.

03

법인 투자,
일본에서 시작하기

　최근 한국에서도 법인 투자가 늘고 있다고 한다. 임대, 매매 등
투자만을 목적으로 부동산을 매입하는 법인이 본격적으로 증가하
고 있는 것이다. 법인 투자는 개인과 분리하여 절세 효과를 누릴 수
있고, 제도 안에서 안정적으로 사업을 운영하면서 수익을 누릴 수
있다는 장점이 있다.

　앞에서도 설명했지만 나의 경우 법인에 돈을 빌려주고 의사결정
권을 받는 식으로 투자를 하였다. 다시 말해 부동산 투자를 목적으
로 하는 법인(회사)을 설립한 다음 법인이 부동산을 구입하고 임대

그림9 법인 투자, 어렵지 않아요

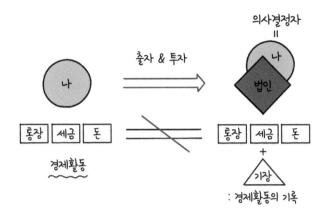

를 놓게 하는 방식이다. 이 법인은 마치 나의 분신과도 같다. 내 말을 아주 잘 듣는 분신이 나 대신을 사업을 한다.

그렇다면 군이 법인 투자를 선택한 이유는 무엇일까? 본격적으로 부동산 투자 사업을 시작하고 싶은 마음도 있었지만, 가장 큰 이유는 일본 은행의 대출을 받기 위해서였다.

나는 평범한 직장인이다. 직장인이라는 신분은 안정적인 수입 덕에 자영업자나 사업가에 비해 비교적 손쉽게 대출을 받을 수 있다는 장점이 있지만, 산업군이나 연봉에 따라 대출 한도가 매겨지고 제한이 걸린다. 연봉 5,000만 원을 받는 월급쟁이에게 그보다 2~3배가 넘는 금액의 신용대출을 선뜻 승인해 주는 곳은 아주 드물다.

그러다 보니 직장인으로서 일본에서 대출을 받는 데 한계가 있었다. 나 자신, 개인 신분으로는 일본에서 나를 판단할 만한 '신용'

이 없었다. 신용이 없으면 당연히 대출이 어렵다. 일본 은행 입장에서 보자면, 아무리 이 사람이 소유할 건물을 담보로 잡는다고 해도 보통의 직장인에게, 그것도 건전성이나 신용이 확보되지 않은 외국인에게 수천만 엔에서 수억 엔을 대출해 줄 수는 없을 것이다.

월급쟁이들에게 대출이 잘 나올 때는 '예상 가능한 소득'이 안정적으로 측정될 때뿐이다. 만일 내가 자산가이거나 우량한 현금흐름이 명확히 예상되는 전문직 종사자나, 사업가였다면 일본에서 대출이 더 쉬웠을지도 모른다. 하지만 안타깝게도 평범한 월급쟁이인 나에게는 해당되는 이야기가 아니었다.

부동산 매매업, 임대업을 하고 있는 법인의 주요 수익원은 임대료와 양도차액이고, 이는 다른 사업에 비해 비교적 명확한 편이다. 은행 입장에서는 이처럼 현금흐름이 명확하게 파악되는 곳에 대출을 해주는 것이 안전하므로 보다 수월하게 대출이 승인된다.

물론 처음 생겨난 신규법인은 아무런 사업 기록이 없기 때문에 대표이사의 신용 상태와 현재 보유한 자본금을 기준으로 평가하기는 한다. 개인의 신용을 완전히 무시할 수는 없는 것이다. 그래도 제도 면에서는 법인이 개인보다 규제가 훨씬 더 적어 확실히 대출에 유리하다. 법인으로 사업을 한다는 것은 일본 법률 테두리 안에서 합법적이고 투명하게 운영하겠다고 약속한 것이나 다름없기 때문이다(자본금, 수익금 등이 투명하게 공개됨).

법인 투자는 개념상 어렵지 않지만, 익숙하지 않아서 머뭇거리게 되는 것이 사실이다. 그러나 원칙적으로만 투자한다면 문제될 사항은 많지 않다. 법인의 활동을 잘 기록하고(기장) 세금을 성실하게 납부하면 적자도 다음해로 이월이 가능하며(청색신고), 합법적인 방법으로 나에게 수익을 가지고 올 수도 있다(급여 지급, 가수금 상환, 배당). 부동산 투자자라면, 특히 해외 부동산 투자를 계획하고 있다면 법인 투자의 선택지도 고려하길 권한다.

04

나는
사장이 되었다

월급쟁이 생활을 한 지 만으로 10년이 되던 해, 회사 생활에 대한 허무함이 찾아왔다. 매월 들어오는 월급은 생활을 안정적으로 만들어주었고, 부동산 투자의 종잣돈을 만드는 데 큰 역할을 했지만 딱 그것 뿐이었다. 남은 인생을 계속 월급쟁이로만 살아갈 경우 예상되는 연봉을 계산할 때마다 한숨만 나왔다. 시간이 흘러 40~50대가 된 나의 모습을 그려보기도 했는데, 인생에 별다른 재미도 없고 경제적 자유도 없는 평범한 월급쟁이의 말로가 뻔히 보이는 것 같았다.

월급쟁이의 삶이 점점 더 불만족스러워질 때쯤 사업에 대한 동경이 생겨났다. 내가 하고 싶은 것을 하면서 돈을 벌 수 있다면 얼마나 좋을까? 세상에 더 나은 것을 제공하고 그에 대한 대가로 큰돈을 벌 수 있는, 사업을 한다면 말이다.

부동산 투자를 시작한 지 7년 정도 지나자 운이 좋게도 내 몫이 조금씩 커져갔다. 이렇게 거둔 씨앗으로 그동안 생각으로만 그리던 부동산 투자 법인을 만들어 마침내 건물을 샀다. 거창하게만 생각했던 사업, 부동산 투자 사업으로 한 발자국을 뗀 것이다. 평범한 월급쟁이 생활도 끝났다.

사업을 한다는 것은 1분 1초도 아끼지 않고 더 들여다보고, 더 꼼꼼하게 살피고, 더 냉철하게 의사결정을 하는 것이라고 생각한다. 그런 태도를 가지고 신중하게 사업을 영위해 나가며 점차 규모를 키우는 것이다.

지금 내가 하고 있는 부동산 투자 사업도 마찬가지이다. 단순히 내가 살 집 또는 누군가에게 임대해 줄 집을 몇 채 구입하여 어느 정도 시간이 지나길 기다리다가 세금 요건에 맞추어 매도하고 다시 또 다른 집을 사는 식의 일반적인 아파트 투자와는 다르다. 투자 사업의 사업가로서 나는 주택, 오피스, 상가 등 내가 운영할 부동산 형태를 다양하게 늘려보기도 하고, 부동산의 가치를 어떻게 하면 높일 수 있을지 늘 고민하고, 수익률을 극대화할 수 있는 방법은 무엇일지 공부한다.

현재의 투자처뿐 아니라 다음 투자처까지 예비하고 확장할 수 있게 도전하고 탐색하는 과정은, 기업의 미래를 준비하는 여느 사장의 역할과 같다고 생각한다. 이와 같이 나에게 부동산 투자는 단순히 임대를 놓는 투자가 아니라 부동산의 가치를 만들어내는 투자, 평생 가지고 갈 장기적인 투자, 지리적인 한계가 없는 투자 사업으로 진화했다.

부동산 투자자인 한 지인은 서울 아파트를 사서 시세 차익을 얻는 것이 일본의 수익형 부동산의 수익보다 몇 배는 좋을 텐데, 왜 그렇게 힘든 길을 걷느냐고 물었다. 맞다. 말도 잘 통하지 않는데다 지리도 잘 알지 못하는 곳에서의 투자, 게다가 수익이 확정되지도 않는 투자는 어렵다.

하지만 다시 생각해 보면, 투자의 장소가 어느 곳이든 성공적으로 투자한다는 것은 절대 쉬운 일일 수 없다. 투자자의 길은 길고 험난하며, 평생 동안 걷고 또 걸어야 한다. 지금 당장은 쉬운 길을 걷는다 하더라도 걷다 보면 흙탕길을 만날 수도 있고 커다란 돌부리에 걸려 넘어질 수도 있다. 최악의 경우엔 절벽을 마주할 수도 있고 말이다.

그렇기 때문에 나는 더 많은 경험과 더 많은 지식을 쌓으려 한다. 그동안 아파트 투자에서도 건물 투자에서도, 서울 투자에서도 해외 투자에서도 꾸준히 공부하고 직접 부딪히면서 소중한 경험을 참 많이 얻었다. 이 경험들이 분명 평생 동안 이어질 투자의 길에서 든든한 뒷받침이 되어주리라 믿어 의심치 않는다.

까마득할지도 모를 이 투자의 길을 즐겨보려고 한다. 법인이 성장할수록 나 또한 성장할 것이고, 설사 법인이 부진하더라도 나는 성장할 것이다. 투자 사업을 시작한 것은 나에게 이렇게나 큰 의미이다. 나는 이제 사장이 되었다.

법인 투자의 모든 것

1 **법인 투자의 장단점(한국 법인 기준의 설명이나 전반적인 개념은 일본도 크게 다르지 않다.)**

장점

- 발생한 '이익'에 대해 법인세를 납부한다.

- 세율이 낮다.

- 공제항목이 많다(대출이자, 활동비, 감가상각비 등을 비용으로 처리 가능하다).

- 적자에 대해 손실 이월이 가능하다(적자분을 이월하여 이익에서 공제, 절세할 수 있다).

- 개인과 소득을 분리할 수 있다(개인과 법인 각각의 소득을 계산한다).

단점

• 법인에 있는 돈을 마음대로 쓸 수 없다(급여, 배당, 이자 등으로 수급).

• 운영 관리가 필요하다(복식부기[기장], 결산, 부가가치세 처리를 위한 세무사 고용 필수).

• 법인 세율이 변동될 수 있다(과거에 30%까지 오른 적이 있었다).

• 일부 대출에서 규제가 있다(이주비 대출 등).

2 법인 기장 시 받게 될 서류와 그 내용

표12   법인의 세무 서류

항목	구성	이를 통해 알 수 있는 것	주기
대차대조표	부채, 자산	얼마큼 자산(현금/부동산)을 보유하고 있는지, 얼마큼 빚을 지고 있는지	1개월
손익계산서	수입, 지출	어떤 방법으로 얼마를 벌고 있고, 얼마나 쓰고 있는지	1개월
결산보고서	대차대조표, 손익계산서, 주주자본 변동계산서, 참고표, 명세표, 사업보고	법인세 최종 결정 세액	1년

세무사에게 법인 기장을 의뢰하면, 법인의 가계부인 대차대조표와 손익계산서를 받게 된다.

대차대조표는 법인의 장부에 기록되는 모든 활동을 보고서 형태로 정리한 것이다. 여기에는 법인이 가지고 있는 부채와 자기자본을 기록한다. 개인으로 치면 현금을 얼마 보유하고 있고, 자기가 살고 있는 집이나 임대용 부동산 등과 같은 자산은 얼마나 있으며, 빚은 얼마나 지고 있는지 등 보유한 자산의 흐름을 보여주는 것이다.

조금 더 구체적으로 살펴보자면, 자산부에는 법인의 유동자산(현금)과 고정자산(부동산, 토지)이 포함되어 있어 법인의 규모를 알아볼 수 있게 한다. 부채부에는 아직 지불하지 않았지만 곧 지불해야 하는 금액인 미불금, 개인이나 다른 법인으로부터 빚을 진 금액인 가수금 등이 포함되어 있어 법인의 건전성을 알 수 있게 한다. 아무리 몸집이 크더라도 빚이 많은 법인이라면 부실하다는 평가를 받을 수 있다.

부동산 투자 법인의 경우, 대부분 자산은 건물과 토지, 약간의 자본금(현금)이 되고, 부채는 주택담보대출이 된다.

손익계산서는 이름에서도 알 수 있듯이 손실과 이익을 알려주는 문서로, 법인의 영업 활동에서 발생하는 수입과 지출을 기록한 것이다. 개인으로 치면 돈을 어떻게 벌고 있는지, 버는 금액과 쓰는 금액이 얼마인지 알려주는 것이다.

상세 내용을 살펴보면 사업매출, 임대료 등의 수입 부분과, 법인을 운용하면서 드는 통신비, 지불수수료, 각종 공과금 등과 같은 지출 부분으로 이루어져 있다. 법인이 나 대신 열심히 일하면서 벌고 있는 돈과 쓰고 있는 돈을 살펴볼 수 있다.

부동산 투자 법인의 경우, 대부분 수입은 임대료이고, 사용하는 비용은 지불수수료, 보험료, 출장비 등이다.

법인이 지정한 사업연도(1년)가 경과할 때마다 결산을 한다. 1년에 한 번 매월 작성한 가계부를 총 정리하는 것이다.

결산보고서는 대차대조표, 손익계산서, 주주자본 변동계산서, 참고표, 명세표, 사업보고서 등으로 이루어져 있는데, 자세한 내용까지는 알 필요가 없고 그 내용이 무엇을 의미하는지만 알고 있으면 된다.

결산보고서가 완료되면 법인세가 확정된다. 이익이 있다면 세금 납부를 하고, 손실이 났다면 그에 대한 신고를 통해 손실을 이월시킬 수 있다.

법인의 경제활동에서 기장 작업은 필수이다. 이 점을 꼭 명심하자. 개인이 연말정산을 위해 절세 방법을 여러 방면으로 익히듯, 법인도 마찬가지이다. 법인이 어떻게 만들어지고 돌아가며, 왜 그런 작업을 하고 그것으로 무엇을 얻을 수 있는지 알고 있으면 당연히 절세에 큰 도움이 된다. 세금의 구조, 세금 처리 방법, 자산 운용 방법에 대해서도 잘 숙지하고 있다면 금상첨화일 것이다. 이는 일본뿐 아니라 전 세계 어디에서든 마찬가지이다.

3 청색신고

정해진 양식대로 기장을 하는 것을 복식부기라고 하는데, 복식부기를 한 기업에는 여러 가지 세금 혜택이 주어진다. 법인이라면 세무사가 작성하는 기장이 필수이므로 모든 법인에게 세금 혜택이 주어질 수 있다. 세금 혜택을 받기 위해서는 맨 처음 신고가 필요한데, 이때 신고장이 파란색이라서 '청색신고'라고 부른다.

'청색신고를 한다'는 것은 '기준에 맞는 장부를 기록하고, 성실하게 세금신고를 하며 납부하겠다'는 약속을 하는 것과 마찬가지이다. 따라서 이 약속에 대한 대가로 여러 가지 세금 혜택을 주는 것이다.

청색신고에서 얻을 수 있는 세금 혜택은 여러 가지가 있지만, 특히 손실액을 이월시켜 주는 제도가 제일 중요하고 투자자 입장에서 가장 큰 혜택이다. 올해(법인의 사업연도) 법인의 총 활동에서 손실이 났다면, 청색신고를 한 기업에 한하여 다음해로 손실이 이월되어 다음해의 영업이익에서 공제 처리가 가능하다. 10년에 걸쳐 이월해 준다.

청색신고는 법인 설립 후 3개월 내 신고해야 하고(개인의 경우 2개월 내), 기록된 장부는 7년간 보존해야 한다.

청색신고에서 얻을 수 있는 세금 혜택

- 청색신고 특별 공제: 최대 65만 엔
- 배우자, 친족 등 급여 공제: 배우자나 15세 이상의 친족에게 지급한 급여
- 손실 이월: 적자 금액이 있는 경우 손실액을 10년에 걸쳐 이월(개인의 경우 3년)

4 법인 수익 환수하기

법인 투자의 목적은 결국 돈을 버는 것이다. 손실을 내려고 투자하는 사람은 아무도 없다. 그렇다면 법인 투자로 번 돈을 어떻게 내 수중으로 들어오게 할 수 있을까?

법인은 나의 분신일 뿐, 내가 아니다. 그러므로 법인 계좌에 있는 돈은 내 것이 아니다. 이것을 자주 혼동하기 때문에 횡령, 부당이득 취득과 같은 문제가 발생하는 것이다. 법인이 벌어들인 돈을 내 맘대로 꺼내서 사용하면 절대 안 된다.

법인 계좌에 있는 돈은 여러 가지 방법으로 나에게 환수시킬 수 있는데, 대표적인 방법이 급여 지급이다. 나는 법인의 의사결정을 하고 법인이 경제활동을 하도록 시킨다. 이때 내 노동력이 들어가므로 법인이 나에게 급여를 지급할 수 있다. 배우자나 친척을 법인에 등재시켜서 급여를 받을 수도 있다. 이럴 경우 일본

에서는 청색신고가 필수이다.

또한 만일 내가 자본금 형태로 법인에 돈을 주었다면, 그에 따른 지분만큼 배당액을 받을 수 있다. 발생된 수익에 대해 지분을 가진 주주들에게 배당으로 돈을 돌려주는 것이다. 배당금은 법인의 의사결정자들이 정할 수 있는데, 세무상 문제가 되지 않을 정도로 적법하게 지급하는 것이 바람직하다.

만일 내가 돈을 빌려주는 형태로 법인에 돈을 주었다면, 빌려준 돈의 상환액을 받아올 수 있다. 법인의 수익 중 일부를 빌려준 사람에게 상환하는 것이고, 원금 상환, 이자 상환 모두 가능하다.

7장

일본에서
건물주가
되어보니

01

일본에는
관리회사가 있다

일본에는 부동산 임대를 전문적으로 관리해 주는 회사가 있다. 이 관리회사는 부동산 중개에서부터 임차인 모집, 계약, 입주, 운영, 퇴거까지 부동산 임대 원스톱서비스를 제공하는 곳으로, 임대인이 임차인에게 임대를 놓을 때 하는 모든 과정을 대신 처리한다. 관리회사는 건물주의 위임을 받아 건물을 직접 관리하고, 임대 계약을 체결하고, 공실이 발생하는 경우 임차인을 모집한다.

한국인들이 가장 이루고 싶어 하는 꿈이 바로 건물주라고 한다. 오죽하면 청소년들의 장래희망 설문에서도 건물주가 2위일까. 그런데 내가 본 건물주의 실상은 꿈처럼 마냥 아름답지만은 않았다. 입주자들의 민원은 물론이고 공실 걱정, 세금 걱정, 건물 보수 걱정 등 각종 걱정이 넘쳐 속이 까맣게 타들어 가는 경우가 부지기수였다. 월세를 받으면서 편하게 살 것 같았는데 실제로는 그렇지 않았던 것이다. 그런데 일본에서는 건물주의 이런 곤란함을 관리회사가 시원하게 해결해 주는 경우가 많다.

내 건물에도 담당 관리회사가 있다. 관리회사 담당자들을 제일 처음 만난 건 계약일이었다. 건물을 계약하러 간 날에 매도인과 함께 두 명의 담당자가 참석했다. 한 명은 건물 시설 관리, 다른 한 명은 임차인 관리를 맡고 있다고 했다. 이 작은 건물에도 담당자가 두 명이나 있다니, 꼼꼼하고 세분화되어 있는 일본의 일처리 방식을 확인할 수 있었다.

건물 관리를 맡기게 되면 업체에서 매월 1회 직접 방문하여 시설에 문제가 없는지 확인하고 외부 청소를 한 다음 사진과 함께 결과보고서를 보내준다. 해외 투자자인 내게는 매우 환영할 만한 시스템이 아닐 수 없다. 걱정되던 것 중 하나가 건물에 자주 가볼 수 없다는 점이었는데, 다행히도 성실하게 건물을 살펴봐 주는 사람이 생겼다.

임차인을 관리하는 일은, 말 그대로 입주에서부터 퇴거까지 모든 일을 포함한다. 임대인을 대신해서 대리 계약을 해주고, 임차인의 민원을 처리하며, 퇴거할 때 집 내부에 시설물 손해가 있는지 확인하고 비용을 청구하는 일까지 해준다. 그 후 다른 임차인을 모집하는 일도 관리회사가 중개하기도 한다. 이 역시 자주 임차인을 만나러 가지 못하는 해외 투자자들에게 큰 장점이다.

물론 임대인의 성향 차이에 따라 업무 대행에 대한 평이 갈릴 수 있다. 모든 진행 상황을 직접 봐야 속이 시원한 스타일이라면 그 일이 잘 처리되고 있는지, 합당한 비용이 들어가는지 등 직접 보고 처리하는 것이 나을 것이다. 또한 관리회사에 내는 수수료는 수익률을 낮추는 요인이기 때문에 싫어할 수도 있다.

나의 경우에는 정반대였다. 부동산 투자를 하면서 다른 어떤 것보다 임차인을 직접 대하는 것이 제일 어려웠기 때문이다. 아파트 월세를 내준 임차인에게 진탕 골탕을 먹었던 경험이 있다. 월세가 한두 달 밀리는 것은 당연했고 가끔은 적반하장으로 화를 내기도 했다. 또 집 보수 때문에 수리기사를 보냈는데 갑자기 연락이 두절되어 출장비만 지출하고 죄송하다는 말을 되풀이했던 일, 어디서 무슨 소문을 들었는지 밤이고 새벽이고 마구잡이로 전화를 해대며 동네가 수상하니(?) 계약기간 전에 나가겠다고 떼를 썼던 일, 나갈 때는 집을 보여주지도 않아서 멀쩡한 집을 한동안 공실로 두었던 일 등등. 그때 나는 금전적인 손해뿐 아니라 정신적인 손실까지 고스란히 감당해야 했다.

이런 경험이 있었기에 관리회사의 존재는 나에게 아주 매력적으로 다가왔다. 어떤 일이 발생하든 오직 관리회사만 상대하면 된다. 마치 회사에서 업무를 처리하듯 말이다. 이 일을 업무하듯이 바라보면 여러 가지 불합리한 일이나 요청에도 객관적인 태도를 유지할 수 있게 된다. 관리회사에 지불하는 수수료 비용이 크다면 클 수도 있겠지만, 이런 모든 점을 고려했을 때 충분히 감당할 만하다고 생각한다.

계약일 이후 관리회사의 사무실에서 담당자분들을 다시 만나게 되었다. 비가 많이 오던 어느 날, 통역사 한 분과 함께 양손에 새해 선물을 들고 방문했다. 미팅을 하면서 이런저런 이야기를 나누다 보니 꽤 오래전부터 신주쿠 지역의 부동산을 주로 맡아온 회사인 걸 알 수 있었다. 이 근방에서 오랜 경험이 있어서인지 동네의 과거 모습과 현재 모습, 근처의 건물주나 토지주의 향후 계획 등을 꿰고 있었다. 임차인을 모집하거나 시설물을 수리하고 리모델링할 때 도움을 얻을 수 있을 것 같았다. 관리자 두 분은 적극적으로 이런저런 내용을 먼저 제안해 주셨다. 두 분의 성실한 모습에 정말 감사한 마음을 가지고 사무실을 나섰다.

물론 관리회사가 만능은 아니다. 건물주가 해외에 있으니 대충하는 건 아닐지, 또 혹시라도 날 속이는 건 아닐지, 한편으론 불안감이 생기기도 한다. 또한 아무리 관리회사가 일을 잘한들, 주인만큼 열과 성을 다하여 건물을 내 새끼처럼 돌볼 수는 없을 것이다. 그러니 관리회사를 신뢰하되, 100% 기대어 만사를 일임해서는 안 될 것이다. 관리회사가 하는 일은 단지 그들이 해야 하는 일뿐으로, 회사 업무를 처리하는 수준 그 이상도 이하도 아니라고 생각해야 한다. 이렇게 건물주인 나도 관리회사도 약간의 긴장감을 가지고 있어야 건물을 잘 관리할 수 있다.

일본 부동산 관리회사가 수행하는 업무들(계약마다 다를 수 있음)

• 입주자 모집: 공실 발생 시 입주자 모집을 위한 모든 활동과
  계약 체결

• 계약 관리: 기존 계약의 연장, 재계약 시 체결

• 민원 처리: 입주자 민원 대응, 입주자 계약 위반 시 대응

• 건물 관리: 복도, 주차장 등 공용 부분 청소, 보수

• 컨설팅: 부동산 유지관리, 수선, 재건축 등 가치 극대화 제안

• 보안, 방범: 감시카메라 설치, 경비인 순회 등

• 위급 업무 수행: 시급한 경우엔 임의 판단에 의해 진행하고,
  이후 비용 청구 가능

02

재계약을 하다

코로나19는 모든 사람을 힘들게 했지만, 특히 임대인들에게 큰 시련이었다. 한국에서는 2020년 당시 '착한 임대인 운동'이라는 것을 시작하면서 임대인들에게 임대료 인하를 권장하는 사회적인 분위기가 조성되기도 했다. 좋은 취지로 시작한 것이었지만, 임차인의 상황이 어려워지면서 월세를 제대로 받지 못해 속이 상했던 임대인도 상당수였으리라고 생각한다. 대출이 많이 있는 임대인일수록 더욱 그랬을 것이다. 이렇게 여러 사람들의 노력에도 불구하고 상가, 사무실의 공실을 날로 늘어가기만 했다.

일본 역시 예외가 아니었고, 작은 건물을 운영하는 나 또한 같은 상황을 맞이했다. 건물을 매입한 이후 별 탈 없이 월세를 잘 받고 있었는데, 2021년에 들어서자 두 명의 임차인이 코로나19를 사유로 퇴거 통보를 했다.

일본은 임차인이 계약 해지를 원하는 경우, 1~2개월 치 월세에 해당하는 '해지예고금'을 지불하고 퇴거할 수 있다. 내 경우에도 그랬다. 두 임차인이 차례로 나갔고, 각각 해지예고금을 받았다. 또한 일본의 임대차계약에서는 호실의 원상회복 의무가 조금 센 편인데, 임차인은 의무적으로 원상회복을 위한 청소와 공사를 실시한다. 물론 시설과 관련된 수리는 임대인의 몫이다.

임차인들이 나가고 나니 내 건물의 월세 수입은 절반으로 줄었다. 해지예고금으로 인해 약간의 손실은 커버가 되어 다행이었지만, 어쨌거나 손실은 손실이었다. 하루라도 빨리 새 임차인을 구할 필요가 있었다.

기존에 있던 임차인들은 꽤 오랫동안 같은 금액의 월세를 내고 있었다. 그래서 새로운 공고를 내기 전, 주위 건물들의 시세를 먼저 알아보았다. 코로나19 때문에 일본 입국이 어려워 직접 가지는 못해서 아쉬웠다. 다행히 현지 부동산 사이트인 'suumo.jp' 등을 이용해서 근처 시세를 알아보고, 관리회사 담당자에게 부탁해 현장 시세도 확인했다. 그 결과 이전 임차인들의 월세와 현 시세가 20~30%가량 차이가 난다는 사실을 확인했다(물론 현 시세가 더 높았다!).

일본에서는 부동산이 오래된 것일수록 가격이 낮아진다는 인식

이 있다. 한국에서는 오래되면 재개발이나 재건축이 될 거란 기대
로 시세가 오르기도 하고, 외관은 오래되었더라도 내부 인테리어를
잘해놓으면 월세를 높게 받을 수 있다. 하지만 일본에서는 오래된
집은 점점 저렴해진다는 것이 당연한 명제처럼 받아들여진다. 그러
나 세월을 항상 뛰어넘는 것이 있다. 바로 입지다. 좋은 자리에 있
는 부동산이라면 아무리 노후했더라도 월세 하락을 방어할 수 있
다. 내 경우가 이에 해당했다. 결국 일본이나 한국이나 가장 중요한
것이 '입지'라는 사실을 다시금 깨달을 수 있었다.

시세를 조사하는 동안에 나는 내부 리모델링 공사를 함께 진행
했다. 물론 원상회복만 하더라도 임차인을 들이기에는 무리가 없었
을 것이다. 하지만 그렇게 하면 공실 기간이 길어질 수 있었다. 또
아무리 입지가 좋더라도 낡은 집을 전혀 수리하지 않은 채로 내놓
으면 세월이라는 약점이 고스란히 노출되고, 사람들이 선호하지 않
는 집이 될 것 같아 싫었다. 임차인들이 더 깨끗하고 편리한 집에
들어와서 기왕이면 만족스럽게 살았으면 하는 바람이 있었기 때문
이다. 물론 월세를 조금이라도 올려 받겠다는 목적이 가장 컸다.

내부 수리를 마친 후, 나는 기존보다 30% 높은 가격으로 임대
모집 광고를 올렸다. 주위 시세보다 높은 금액이었다. 관리회사 담
당자는 책정된 가격이 비싸다며 추후 조율 요청이 오면 응해달라고
당부했다. 우선은 알겠다고 대답하고 기다려보자고 했다. 광고를 재
차 올려 달라고 요청했다.

임대 모집 광고란, 인터넷 사이트에 내 매물이 우선 노출되도록

광고를 집행하는 것이다. 이 광고를 통해서 계약하게 되면 임대인이 1개월치 월세를 추가 비용으로 지불한다. 광고비가 아깝다고 생각할 수도 있겠지만, 하루라도 빨리 공실을 채우는 것이 더 이득이기 때문에 두 건 모두 광고를 진행했다. 그 결과 한 달 만에 공실을 없앨 수 있었다. 새로 들어온 임차인 구성도 무척 만족스러웠다.

참고로 나머지 임차인들하고는 연장 재계약을 해오고 있다. 일본에는 조금 특이한 임대료 문화가 있는데, 바로 '재계약료'라는 것이다. 한국에서는 임대를 재계약하는 경우 부동산에 복비만 지불하거나 계약서 작성에 대한 실비용 정도만 지불하는 경우가 많다. 자동갱신이 될 경우엔 아무 비용 없이 연장되는 경우도 많다. 하지만 일본의 임차인들은 주택이든 사무실이든 재계약을 할 경우, 월세 1~2개월 상당의 재계약료를 지불해야 한다. 이것은 의무나 제도라기보다는 하나의 문화라고 볼 수 있다. 계약 기간이 종료될 때마다 대부분 예외 없이 지불해야 하고, 해당 금액은 관리회사와 임대인이 나누어 수령한다.

다시 만실이 되니 마음이 그렇게 편할 수 없었다. 임대인은 세상 그 무엇보다 '만실'이라는 단어를 좋아할 것이다.

03

생각보다
큰 부가 수익

건물을 운영하다 보니 월세 말고도 이런저런 부가 수익이 생긴다. 내 건물 앞에는 주차를 3대 정도 할 수 있는 공간이 있다. 그곳을 임차인들이 나누어 자동차, 자전거, 오토바이 등의 주차 공간으로 사용하고 있다. 또한 자판기도 1대 놓여 있다.

한국에서도 일부 빌라나 다가구주택에 거주할 때 주차료를 따로 내는 경우가 있다. 대부분 1호당 1대는 무료로 사용할 수 있지만 말이다. 아파트의 경우 1~2대는 무료, 그 이상인 경우 추가로 비용을 지불한다.

하지만 일본에서는 주차료를 내야 한다. 맨션이든 레지던스든 거의 대부분이 다 그렇다. 자기 땅이 있는 단독주택(잇코닷테)에 거주하지 않는 이상 주차료를 별도로 지불해야 하거나, 주차료가 포함된 월세를 내야 한다.

일본의 주차비는 꽤 비싼 편이다. 특히 웬만한 도쿄 중심부의 경우 1대당 최소 1만 엔이 넘어간다. 원화로 치면 주차비로만 10만 원 넘게 지불하는 셈이다. 이렇게 일본은 내가 사는 집에서조차 주차비가 살인적이다. 주차비 때문에 차를 파는 사람들도 있다는 얘기를 들은 적도 있다.

내 건물도 마찬가지로 주차비를 따로 받고 있다. 자동차 2대, 자전거 여러 대(약 3~4대 정도가 세워져 있다), 오토바이 1대인데, 일단 주차비로 받는 것은 자동차 2대뿐이다. 나머지는 남는 공간을 활용하는 정도로 생각하고 있는데, 사실 엄격한 일본인 투자자였으면 이 공간도 수익 공간으로 보고 모든 바퀴 달린 것에 주차비를 받을 수 있을 것이다. 하지만 이전 계약서를 보면서 느낀 건 이 건물의 이전 주인들이 너그러운 사람들이었다는 점이다. 월세를 인상한 적도 많지 않았고 주차장도 여유롭게 쓰게 해주었다. 내가 그런 것처럼 이전 건물주들도 오래된 구축에 살아주는 임차인들에게 고마움을 느꼈던 게 아닐까 싶다.

땅 한쪽 끝에 평범한 음료 자판기가 들어서 있는데, 여기서 나오는 수익도 꽤 쏠쏠하다. 처음에 임장을 가서 봤을 때는 그냥 자판기가 있구나 생각하고 지나쳤는데, 계약서를 쓸 때 이 자판기에서도 임대 수익이 나온다는 걸 알게 되었다. 하긴 그 자판기도 누군가의 땅 위에 있는 것인데, 공짜로 땅을 빌려주지는 않을 테니 임대료를 내야 하겠지.

일본은 자판기의 천국이다. 전국적으로 550만여 개의 자판기가 있다. 엄청난 수만큼 자판기의 종류도 다양하다. 일본인들에게는 자판기에서 무언가를 뽑는 것이 생활의 일부분이 되었다.

내 땅에 있는 자판기는 판매된 금액만큼 일정 비율의 수수료를 지불한다. 그저 자판기의 자리를 제공했을 뿐인데 또 다른 부가 수익이 창출되었다. 심지어 수수료가 적지 않은 금액이라 놀랐다. 전월의 자판기 판매내역은 매월 초에 메일로 들어오는데, 그 내역을 기다리는 시간이 은근히 설렌다. 제일 많이 팔린 음료가 뭔지 확인도 해보고 자판기를 한 대 더 놓으면 어떨지 생각도 해본다.

부동산 투자 사업을 시작하긴 했지만 어디서부터 어떻게 꾸려나가고 일을 벌려야 할지 처음부터 거창한 계획을 세워둔 것은 아니다. 당장 대수선 공사를 한다든지, 신축을 위해 땅을 매입한다든지 등등. 하지만 벌써 임대료 외에 부가 수익을 만드는 법을 2개나 알아냈다. 이렇게 작은 것부터 하나씩 하나씩 쉼 없이 알아간다는 게 중요한 것 아닐까?

04

월세 보증제도에 대해

임대인들이 가장 두려워하는 게 무엇일까? 바로 공실이다. 계약 기간이 종료되어 전 임차인이 나갔는데 새로운 임차인을 구하지 못하면 부동산은 그 즉시 공실이 되어버린다. 공실이 되면 임대인은 해당 기간에 월세를 받을 수 없을 뿐 아니라 공통 관리비, 세금 등 등을 고스란히 부담해야 한다. 즉, 공실은 수익에 직접적인 영향을 준다. 그렇기 때문에 임대인들은 공실이 나지 않게 하려고 부단히 도 노력한다. 처음부터 가장 좋은 입지를 선점하는 것은 기본이고, 임차인들이 편하게 지낼 수 있도록 시설과 주변 환경을 관리한다.

그들의 민원을 적극적으로 처리하는 것도 임대인의 몫이다.

하지만 임대인들의 노력에도 불구하고 어쨌든 공실은 일어날 수 있다. 계약 기간이 안 맞아서 어쩔 수 없이 생길 수도 있고, 운이 없어서 생길 수도 있다. 어찌 되었건 임대인에게 공실의 가능성은 단 1%라도 늘 따라다닌다.

그런데 공실이 나지 않았는데도 월세를 수금하지 못하는 경우는 없을까? 물론 있다. 가끔 주위에서 임차인이 월세를 내지 않아(혹은 못 내서) 보증금에서 그 금액만큼 차감하거나, 혹은 3개월 이상 월세가 미납되어 명도를 하기 위해 이런저런 내용증명 서류가 오가는 것을 보게 된다. 어떨 때는 강제집행이라는 수단까지 사용되어 임대인과 임차인 모두 얼굴을 붉히는 경우도 생긴다.

한국은 거주용이든 사무실·상가 용이든 월세에 비해 보증금을 조금 과도하게 받는 경향이 있다. 월세가 50만 원인데 보증금은 1,000만 원 이상인 경우처럼 말이다. 보증금의 액수가 큰 이유는 여러 가지가 있겠지만, 특히 월세가 미납되었을 때 임대인이 보증금에서 차감하기 위해 미리 받아두는 돈이라는 개념으로 인식되기 때문일 것이다.

그렇다면 일본은 어떨까? 일본은 보증금이 월세의 2~3개월 치밖에 되지 않는다. 거주용, 사무실·상가 용 모두 그렇다. 만일 월세가 미납되면 고스란히 임대인의 손해가 될 텐데 괜찮은 걸까?

이런 경우를 대비하기 위해 일본에서는 임차인들이 부동산을 계약할 때 월세의 연대보증인을 세우거나 보증보험회사에 가입하는 것이 필수이다. 계약 당사자인 임차인이 만일 월세를 지불하지 못하면 함께 계약서에 도장을 찍었던 연대보증인이나 보증보험회사가 대신 월세를 납부해야 한다.

아니, 연대보증인이라고? 그렇다. 단어만 들어도 무시무시한 그 단어, 연대보증인이 맞다. 채무(빚)를 상환하지 못하면 고스란히 보증을 선 이에게 추심을 할 수 있다는 바로 그 제도이다. 한국에서는 연대보증제도를 큰 금액의 빚을 질 때에나 사용해 왔고 그마저도 최근에는 금융권을 중심으로 완전 폐지를 향해 가고 있는데, 월세를 위한 연대보증인이라니 정말 뚱딴지처럼 생각될 수 있다. 하지만 일본에서는 임차인들이 내야 하는 월세 역시 엄연히 채무라고 보고 있어 관습적으로 연대보증인을 꼭 참여시켜 상환 책임을 이중으로 걸어둔다. 연대보증을 서줄 사람이 없는 경우에는 임대료 보증보험에 가입하여 보험회사가 그 의무를 질 수 있게 하는 제도가 마련되어 있다. 보증회사 가입은 당연히 임차인이 하는 것이고, 이로 인한 비용도 임차인이 모두 부담한다.

이런 제도 때문에 일본에서는 월세 미납에 대해 크게 걱정할 일이 없다. 만일 월세를 미납하게 되면 보증인이나 보증회사가 대신 납부할 수 있도록 관리회사가 추심을 한다(추심업무야말로 관리회사의 중요한 업무 중 하나라고 할 수 있다). 물론 임차인이 보험료를 몇 달간 미납하고 야반도주를 해버린다든지, 연대보증인도 함께 사라져 버린다든지 등의 극단적인 일이 생기면 어쩔 수 없긴 하다. 하지만 앞서 언급했듯 일본 사람들은 신뢰를 저버리는 일이 얼마나 위험한 처신인지 잘 알고 있기 때문에 이런 극단적인 사례는 매우 드물게 발생한다.

어찌 보면 조금은 야박해 보일 수도 있는 월세 보증제도이지만 임대인 입장에서는 마음을 놓을 수 있는 매우 좋은 제도라고도 볼 수 있다. 임대인은 보증제도 덕분에 매월 안정적인 수익을 거둘 수 있고 건물 관리나 임차인 관리에 좀 더 신경을 쓸 수 있다. 임차인은 약속을 지키려고 더욱 노력하게 되고 임대인에게 신뢰를 줄 수 있게 된다. 이렇게 월세 보증제도는 임대인과 임차인이 상호 안정적인 관계를 유지할 수 있도록 도움을 준다.

일본의 임대료 구성

야칭家賃

매월 지불하는 월세는 야칭이라고 부른다. 일본에는 전세 제도가 없기 때문에 거주를 하려면 무조건 월세를 내거나 매매를 해야 한다. 월세는 지역이나 위치, 연식에 따라 다르지만 도쿄 주요 도심에 위치한 원룸맨션 기준 9만~12만 엔 정도이고, 59m² 크기의 맨션의 경우 18만~30만 엔 정도로 이루어져 있다.

레이킹礼金

일본에 있는 특이한 임대료 중 하나로, 처음 집에 입주할 때 지불하는 돈이다. 레이킹은 임대인에게 집을 빌려주어 감사하다는 의미로 지불하는 금액이라고 하여 '예의의 돈'을 의미하는 한자로 이루어져 있다. 통상 레이킹은 월세의 1~2개월분 정도이며 임차인 입장에서는 돌려받지 못하는 휘발성 금액이다. 임대인 입장에서는 레이킹이 감사의 의미로 받는 금액이 맞기는 하나, 대개 관리회사와 나누어 갖게 되기 때문에 업무 수수료의 개념이 강하다.

시키킹 敷金

일본의 보증금은 시키킹이라고 부른다. 한국의 보증금과 같이 입주 시 임차인이 지불하고 퇴거 시 돌려받는다. 다만 한국에서는 보증금이 월세의 10~30배, 전세의 경우 집값의 50~80%에 이를 정도로 꽤 큰 금액이나, 일본에서는 월세의 2~3개월 분 정도로 금액이 크지 않다.

시키킹은 임차인이 나갈 때 돌려줘야 하는 돈이긴 하지만, 한국에서처럼 '보증금＝그대로 돌려주는 돈'의 개념이 아니다. 일본에서는 임차인에게 원상복구의 의무를 강하게 지우는 편이다. 따라서 퇴거 시 못 자국 하나까지도 복구 비용을 부담해야 한다. 한국에서 어느 정도의 노화나 훼손은 비용을 청구하지 않고 그냥 넘어가는 것과는 다르다. 싱크대, 새시, 바닥, 벽지, 방충망 등 이사 갈 때 가지고 갈 수 없는 집 안의 모든 시설에 청소나 수선이 필요하게 되면 수리 비용을 시키킹에서 제한 뒤 남은 금액을 임차인에게 돌려준다. 한국에서는 대개 사무실 또는 상가를 임대할 때만 임차인에게 원상복구의 책임을 지우는데 일본은 일반 주택에서도 그렇다고 보면 된다.

코에키히公益費

관리비는 코에키히라고 한다. 엘리베이터, 복도 등 공용 시설을 이용하는 데 쓰이는 비용이다. 한국에서도 다가구주택이나 상가의 경우 관리비를 받는 경우가 많다. 이 관리비는 각자의 상황에 맞추어 월세에 포함시키거나 별도로 청구하게 된다. 실비 수준이라 금액이 큰 편은 아니다.

열쇠교환비

일본은 아직도 현관에 열쇠를 사용하는 경우가 많다. 그러다 보니 새로 들어오는 임차인들은 입주할 때 현관문 열쇠를 통째로 바꾼다. 이때 발생하는 비용은 임차인이 부담한다. 물론 전자식 도어락인 경우에는 번호만 바꾸면 되기 때문에 열쇠교환비가 별도로 발생하지 않는다. 열쇠교환비는 4~6만 엔 정도로 적은 금액은 아니다.

중개수수료

일본에는 부동산 회사가 정말 많다. 2016년 기준 12만 개 이상으로 편의점보다 2배 가까이 많다고 하니 정말 상상도 되지 않는다. 한국에서도 종종 한 건물에 부동산 중개업소가 줄줄이 있는 것을 발견할 때가 있는데, 일본은 그보다 더한 것이다. 부동산 회사가 많다 보니 회사 간 경쟁이 치열해 집을 구하는 입장에서는 부동산 회사와 중개수수료를 협상할 수 있는 여지가 많다. 통상 임대 중개수수료는 월세의 1개월 분 정도인데 부동산 회사마다 이벤트, 프로모션으로 할인을 해주는 경우가 많다. 매매 시 중개수수료는 3%이다.

재계약료

임대 계약을 연장할 때 발생하는 비용을 재계약료라고 한다 (1년 또는 2년 계약 이후 자동갱신으로 월세 연장이 되는 경우가 많은데, 자동갱신의 경우에도 계약서는 새로 작성해야 한다). 재계약을 하면서 재계약료는 보통 월세의 1~2개월 분이다. 이 역시 레이킹과 유사하게 관리회사와 임대인이 나누어 갖는 경우가 많다.

최근에는 레이킹이나 재계약료를 받지 않는 주택도 늘어나고 있다고 한다. 사람들이 선호하지 않는 오래된 구축이나 역에서 멀리 떨어져 있어 불편한 곳, 치안이 좋지 않은 곳과 같이 인기가 없는 부동산에 가격적 메리트를 주려는 것이다. 레이킹을 없애면 임차인을 구하는 데 유리한 면도 있겠지만, 반대로 레이킹을 받지 않을 만큼 하자가 있는 집이라고 생각될 수 있기 때문에 임대인은 잘 판단해야 한다. 레이킹 문화는 도쿄에는 있지만 오사카가 있는 간사이지방에는 거의 없다는 깃 역시 숙지해야 할 사항이다.

또한 레이킹과 재계약료는 관리회사와 일정 비율로 나누어 갖기 때문에 수익에 직접적인 영향을 미친다. 관리회사와 계약 시에 이 비율을 정하므로 유의 깊게 살펴보아야 한다.

투자의 세계는 넓다

내 투자는 시작부터 외로웠다. 모두가 부동산에 확신이 없던 시절, 빚내서 집을 사라고 했던 그 시절에 부동산 투자를 시작했더니 몇몇 지인들이 우려를 표했다.

"대출을 몇억이나 받는다고?"
"대출이자가 1년이면 1,000만 원이 넘잖아!"

이런 이야기를 들을 때마다 아무 걱정도 되지 않았다면 거짓말일 것이다. 모든 게 무섭고 불안했다. 내 판단이 맞는 건지 어느 누구도 정답을 알려주지 않았고, 오히려 오답은 아니냐며 되물었다.

그렇게 3년 정도가 지나자 아파트 상승장이 시작되었다. 기존 투자자들은 환호했고, 부동산 정책은 쉬지 않고 쏟아졌으며 전문가들은 오락가락한 의견을 내놓았다. 말 그대로 혼란의 도가니였다.

어른, 아이 할 것 없이 남녀노소가 부동산 상승을 외치는, 말 그대로 '부동산 광기'의 한가운데였던 2019년, 나는 서울 아파트를 팔았다. 이때도 마찬가지였다. 사람들은 그 좋은 서울 아파트를 대체 왜 지금 파냐고 물었다. 게다가 '잃어버린 20년'으로 평가되는 일본의 부동산 시장에 전 재산을 넣는다니, 정말 무모한 일로 비쳤을 것이다.

그 물음에 대한 나의 답은 간단했다.

"나는 부동산 투자로 더 풍요로워지고 싶다."

나는 일본 부동산 투자를 통해 시간을 기다려야만 했던 차익형 투자에서 빠르게 현금을 만들 수 있는 수익형 투자로 옮겨왔다. 그리고 운이 좋게도 지난 3년간 일본 부동산이 계속 올라 예상 밖의 차익도 가져왔다. 하지만 그 무엇보다 매월 월급보다 많은 금액을 꼬박꼬박 현금으로 받을 수 있다는 사실이 더없이 달콤하다. 내 자산은 스스로 일을 하며 내 계좌를 불려주고 있다. 그 덕에 나는 10년 넘게 다닌 회사를 그만두었다. 매일 9시간을 바쳤던 회사로부터 벗어나 오롯이 나만의 시간을 가지게 되었다.

새로운 발자국을 떼고 나니 새로운 꿈이 펼쳐졌다. 투자 법인의 사장이 되었고, 임차인들과 함께 고민하는 임대인이 되었다. 많은 선배 투자자들이 말했던, 내가 일하지 않을 때도 돈이 나를 위해 일하는 시스템을 구축했다. 더는 돈을 위해 살지 않게 되었다. 이렇듯 일본 부동산은 내가 돈과 시간 모두에서 풍요로움을 가질 수 있게 해주었다.

흔히 첫사랑, 첫 회사, 첫 키스처럼 '처음'은 더 간절하고 생각할수록 가슴 저미고 평생 잊지 못한다고들 한다. 나에게는 일본 투자가 그랬다. 첫 해외 부동산 투자이자 첫 건물, 더구나 처음으로 책을 통해 내 이야기를 하게 해주었기 때문이다. 나에게 일본 부동산 투자가 가진 의미는 이토록 중요하다.

혹시 투자 결정 앞에서 망설이는 독자가 있다면 한발 물러서서 차근차근 자신의 상황을 둘러보길 권하고 싶다. 내가 확신했던 이 상황이 잘못된 타이밍에서 다른 사람들에 의해 만들어진 환상이라면? 당장은 맞겠지만 몇 년 후에는 아니라면? 몇 년 후 불확실성이 너무나도 커 보인다면? 앞으로 남은 인생에서 돈이 나를 위해 일할 수 있게 하려면? 이와 같이 투자자라면 반드시 짚고 넘어가야 할 여러 가지 기본 질문과 그에 대한 자신의 답을 다시금 곱씹길 바란다.

시장에서 조급함만큼 위험한 것은 없다. 투자는 불과 몇 년 안에 결론이 나는 단기전이 아니다. 평생에 걸쳐서 내가 가진 자산을 계속 움직이게 하고 결국은 돈 스스로 더 큰 돈을 불러오게 만드는 장기전이다. 그리고 가장 중요한 것은 이렇게 불어나는 돈을 절대로 잃지 않는 것이다. 투자자는 작은 실패나 큰 성공에도 겸손해야 하며, 스스로 돌이켜볼 줄 알아야 한다.

투자의 세계에서 정답이란 없다. 내가 서울 아파트를 매도하고 난 후에도 서울 아파트 가격은 더 올랐고, 내가 선택하지 않았던 서울의 상가주택도 더 올랐다. 결국 서울 아파트도 답, 상가주택도 답이었다. 하지만 나는 나만의 답을 저평가된 투자처이자 레버리지를 최대로 활용할 수 있고, 저금리 효과를 이용해서 높은 수익률을 거둘 수 있는 일본에서 찾았다. 과열된 시장과 규제를 벗어나 내가 원하는 조건들이 모여 있는 시장으로 이동했을 뿐이지만, 이 투자를 통해 나는 당장 회사를 때려치워도 될 만큼의 월세 수익과, '투자 사업'의 사장으로서 첫 걸음을 내딛는 귀한 경험을 얻게 되었다.

투자의 세계는 넓고, 투자할 곳은 많다. 그리고 누구나 할 수 있다. 시야를 넓히면 새로운 가능성을 발견할 수 있다.

일본 부동산 투자를 위한 기초

1. 어떤 세금을 내야 할까?

부동산 투자자라면 두려워도 가까이 해야 하는 존재인 세금. 일본의 세금은 어떻게 되어 있을까?

일본의 세금 체계는 한국과 유사하다. 취득할 때 내는 취득세, 보유하면서 내는 보유세, 양도 시 차익이 발생한 경우 내는 양도소득세 등 세 가지로 이루어져 있다.

1) 부동산을 새로 샀을 때

부동산 취득 시 발생하는 세금은 크게 취득세, 등기 이전세, 인지세가 있다. 한국에서도 등기 이전 신청을 하면서 취득세와 등록세를 내는데, 각각의 개념이 유사하다고 보면 된다.

취득세

취득세는 토지와 건물 각각에 부과되고, 세율은 '고정자산세 평가액'의 4%이다. 한국에서 매매가를 기준으로 부과하는 것과 달리, 일본에서는 고정자산세 평가액을 기준으로 부과한다. 고정자산세 평가액은 한국의 공시지가와 비슷한 의미로, 대개 매매가의 50~70% 수준이다. 취득세의 세율 자체는 4%로 높아 보이지만, 고정자산세 평가액을 기준으로 하기 때문에 한국의 취득세보다는 부담이 덜하다. 또한 다주택자나 고가주택 등의 이유로 취득세가 더 많이 부과되는 조건은 없기 때문에 부동산 투자자들에게는 일본의 취득세가 비교적 유리할 수도 있다. 또한 한국에서 등기를 하는 즉시 납부하는 것과 달리, 일본에서는 취득세 납부 통지서를 받고 난 뒤 지로로 납부하게 된다. 납부 통지서는 등기 신청 후 약 3~6개월 후 우편으로 받을 수 있으며, 납부기한에 맞춰 납부하면 된다.

취득세 = 고정자산세 평가액 × 4 %

단, 2024년 3월 31일까지 취득하는 주택의 경우 특례를 적용하고 있다. 특례가 적용된 세율은 아래와 같다. 신축, 면적 규모 등 항목에 따라 특례를 더 많이 받는 경우도 있기에, 자세한 내용은 세무 전문가에게 확인하는 것이 좋다.

토지 및 주택의 취득세 = 고정자산세 평가액 × 3%

등록면허세

등록면허세는 등기세금이라고도 불린다. 한국의 등록세라고 보면 된다. 이 역시 토지와 건물에 각각 부과되며, 취득세와 마찬가지로 과세가 되는 기준은 매매가가 아닌 고정자산세 평가액이다.

등록면허세 = 고정자산세 평가액 × 2%

소비세

소비세는 주택이 아닌 사무실, 상가 등의 비주거용 부동산을 매매할 때 발생한다. 한국에서도 상가 계약 시 부가가치세를 포괄양수도계약하는 경우가 있는데, 그 개념과 같다.

비거주용 부동산을 매매할 때 소비세 10%를 포함하여 거래를 하게 되고, 이는 추후 과세사업자로 등록 시 환급받을 수 있다.

인지세

매매계약서에 첨부되는 인지에 대한 세금이다. 이는 매매가를 기준으로 하며, 매매가의 구간별로 고정되어 있는 세금이다. 기재된 계약 금액이 500만 엔~5억 엔이라면 1만 엔~20만 엔 정도의 일정 인지세가 부과된다.

표13 구간별 인지세

기재된 계약 금액	세액
1만 엔 미만	비과세
1만 엔~10만 엔	200엔
10만 엔~50만	400엔
50만 엔~100만	1,000엔
100만 엔~500만	2,000엔
500만 엔~1,000만	1만 엔
1,000만 엔~5,000만	2만 엔
5,000만 엔~1억	6만 엔
1억 엔~5억	10만 엔
5억 엔~10억	20만 엔
10억 엔~50억	40만 엔
50억 엔	60만 엔
금액의 기재가 없는 것	200엔

(출처: 일본 국세청)

2) 부동산을 보유할 때

일본에서 부동산을 보유하고 있다면 연 2~4회 세금을 내야 한다. 일본의 보유세는 '고정자산세'와 '도시계획세'로 이루어져 있다. 명칭은 조금 다르지만 한국의 보유세가 도시지역분 재산세와 지역자원시설세, 지방교육세 같은 추가 세금으로 구성된 것과 유사하므로 낯설게 느낄 필요는 없다. 일본에서도 보유세는 토지와 건물 각각에 대하여 부과된다. 개인과 법인 모두 동일하다.

고정자산세 = 토지, 주택 과세표준액 × 1.4%(분기별[연 4회])

도시계획세 = 토지, 주택 과세표준액 × 0.3%(연 2회)

다만 일본에서 보유세를 매길 때에는 한국의 공시지가와 유사한 '고정자산세 평가액'을 기준으로 하지 않고, 특별한 공식으로 계산된 '과세표준액'을 기준으로 한다.

토지의 과세표준액 = 토지의 고정자산세 평가액 × 주택용지 특례(1/6~2/3) × 부담수준(약 80~90%)

주택의 과세표준액 = 재건축가액(건축물의 재료비) × 감가상각 비율(일정 %)

표 14 **시가 1.8억 엔(약 18억 원)의 상가주택의 보유세 납부 사례**

(단위: 엔)

	항목	고정자산세	도시계획세
과세표준	토지 과세표준	12,387,851	17,862,483
	세액	173,429	37,163
	건물 과세표준	11,168,900	11,168,900
	세액	156,364	33,506
	소비세	15,636	3,350
연간	계	345,429	74,019
	합계	419,448	

→ 연간 고정자산세와 도시계획세 합계: 약 42만 엔

보유 시 세금은 그 항목과 계산 방법이 복잡하다. 세무사들 역시 정확한 기준을 찾기 어려울 정도이다. 관공서에 특별확인신청 제도가 있으나 괜히 요청했다가 과세표준액이 느는 경우가 발생하기 때문에 부과되는 대로 별다른 이의제기 없이 납부하는 것이 낫다고 한다.

정확한 기준을 파악할 수는 없지만, 토지 면적이 일정 수준 이하이거나 신축 건물이라면 보유세 50% 감면이라는 꽤나 큰 특례가 존재하기도 하고 보유세를 일괄 납부하는 경우 할인을 해주는 제도도 갖추어져 있어 꽤 합당한 수준이라고 생각된다.

실제로 일본 상가주택의 보유세를 납부한 사례를 표 14로 첨부한다. 매년 세금 특례나 기준이 달라지고 부동산의 종류에 따라 과세표준이 달라지므로 단순 참고용으로 활용하길 바란다.

3) 부동산을 양도할 때

부동산을 매도할 때 차익이 발생한다면 세금을 내야 한다. '소득이 있는 곳에 세금이 있다'라는 세금 징수의 기본 원칙이 있다. 이 때 내야 하는 세금을 양도소득세라고 한다. 만일 해당 부동산을 산 가격보다 싸게 판다면, 즉 매매가액보다 매도가액이 낮아 손실이 난 경우에는 추가 소득이 없다고 판단하므로 당연히 양도소득세는 없다.

일본의 양도소득세는 한국과 마찬가지로 타 소득과 합쳐지지 않는 분리과세이다. 개인의 근로소득이나 금융소득 등과 합산해서 세율을 매기지 않는 것이다. 근로소득의 소득세, 양도소득의 소득세는 별개이다. 다만 법인의 경우 양도소득에 대한 분리과세는 없고, 해당 소득이 법인의 이익금에 포함되어 이에 대한 세금이 매겨진다. 즉, 부동산을 매각하면서 실현된 차익은 매각 당해 결산 주기에 맞추어 소득과 비용을 책정하여 산출하는 '법인세 항목'에 포함한다. 즉, 부동산 매각만으로 발생하는 소득세는 없다.

개인의 경우 양도소득세 계산은 아래와 같다.

양도세 = 과세 양도소득 × 세율

개인과 법인의 양도세 개념과 세율을 따져보았을 때, 만일 투자용 부동산의 5년 이하 단기매매를 예상한다면 법인으로 부동산을 취득하는 것이 유리하다. 법인세는 양도세 개념이 아닌, 법인의 손

표15 양도세 세율

장단 구분	소유 기간		
	단기	장기	
기간	5년 이하	5년 이상	10년 이상 소유 시 경감 특례
거주용 (실거주의 경우 거주용특별공제 3,000만 엔)	39.63%	20.32%	①과세 양도소득 6,000만 엔 이하의 부분 14.21%
			②과세 양도소득 6,000만 엔 초과의 부분 20.315%
비주거	39.63%	20.32%	

익에 대한 '법인세 납부' 개념이기 때문이다. 그러므로 단기 세율 적용이 되지 않을 뿐더러 손실이 난다고 하더라도 이월 제도를 활용해서 손실을 유예하거나 아예 없앨 수 있다. 이렇듯 세금은 투자자 스스로 꼼꼼히 챙겨야 한다.

2. 등기사항증명서(등기부등본)를 읽어보자

일본의 등기부등본은 어떻게 생겼을까? 일본에서는 등기부등본을 '등기사항증명서'라고 부른다. 법무국에 직접 내방하여 발급받을 수 있고 온라인으로도 열람할 수 있다.

일본의 등기사항증명서는 한국의 등기부등본을 일본어로 쓴 것이라고 할 만큼 명칭과 항목이 매우 유사하다. 한국에서 부동산 거래를 해본 사람이라면 등기사항증명서를 읽는 데 전혀 어려움이 없을 것이다.

표16 등기사항증명서의 용어와 내용

한국식 용어	일본식 용어	내용
등기사항전부증명서	등기사항증명서	토지, 건물의 소유권, 저당권 등 기재
표제부	표제부	토지, 집합건물의 표시, 전유 부분의 표시, 대지권의 표시
갑구	권리부(갑구)	부동산의 소유권자 (등기 순서대로)
을구	권리부(을구)	소유권 이외의 권리 (저당권, 차지권 등)

참고로 일본에서는 권리 관계가 소멸된 항목을 밑줄로 표시한다. 한국에서는 가운데 선을 긋는다. 갑구와 을구에 시간순서대로 권리자 정보가 적혀 있으므로, 제일 하단에서 소유권자와 근저당 사항을 확인하면 된다. 그림 10~15에 실제 등기부등본을 예시로 설명해 놓았다.

그림10 일본 등기사항증명서의 표제부

그림11 한국 등기사항전부증명서의 표제부

그림12 일본 등기사항증명서의 권리부(갑구)

順位番号	登 記 の 目 的	受付年月日・受付番号	権 利 者 そ の 他 の 事 項
		権 利 部 （ 甲 区 ） （所 有 権 に 関 す る 事 項）	
1	所有権移転	昭和60年8月8日 第29999号	原因 昭和55年7月19日相続 所有者 新宿区 ▨▨▨▨▨ 順位4番の登記を移記
	余 白	余 白	昭和63年法務省令第37号附則第2条第2項 の規定により移記 平成3年10月24日
13	所有権移転	令和1年10月30日 第30832号	原因 令和1年10月30日売買 所有者 東京都 ▨▨▨▨▨▨ ▨▨▨▨▨▨▨▨

→ 이 건물은 소유권자가 13번 바뀌었다.

그림13 한국 등기사항전부증명서의 갑구

순위번호	등 기 목 적	접 수	등 기 원 인	권 리 자 및 기 타 사 항
		【 갑 구 】 （소유권에 관한 사항）		
1 (전 1)	소유권보존	1997년12월30일 제55978호		소유자 서울 ▨▨▨ 부동산등기법 제177조의 6 제1항의 규정에 의하여 1999년

그림14 일본 등기사항증명서의 권리부(을구)

順位番号	登 記 の 目 的	受付年月日・受付番号	権 利 者 そ の 他 の 事 項
		権 利 部 （ 乙 区 ） （所 有 権 以 外 の 権 利 に 関 す る 事 項）	
1	根抵当権設定	昭和62年2月27日 第8601号	原因 昭和62年2月26日設定 極度額 金 ▨▨万円 債権の範囲 ▨▨▨▨ 債務者 新宿区 ▨▨▨▨▨ 根抵当権者 千代田 ▨▨▨▨▨ 共同担保 ▨▨▨▨ 順位6番の登記を移記

１１	根抵当権設定	令和１年１０月３０日 第３０８３３号	原因　令和１年１０月３０日設定 極度額　金　　　万円 債権の範囲 債務者　東京都 根抵当権者　東京都 共同担保　目録(00)第　　　号

그림15 한국 등기사항전부증명서의 을구

【 을　　구 】			（ 소유권 이외의 권리에 관한 사항 ）
순위번호	등 기 목 적	접　수	등 기 원 인	권 리 자 및 기 타 사 항
4 (전 1)	근저당권설정	1997년12월30일	1997년12월30일 설정계약	채권최고액　금　　　원정 채무자 서울 근저당권자

3. 내진 설계에 대해

2018년 일본에서는 전국적으로 2,000회가량의 지진이 발생했고, 이 중 진도 규모 5 이상의 지진은 11회 발생했다. 뉴스나 기사에서 지진 피해 현장 모습을 보다 보면 내 건물이 무너지면 어쩌지 하는 걱정이 생긴다.

일본 부동산 투자자들은 자연재해를 대비해서 건물 보험을 가입한다. 하지만 피해를 100% 보장받는 것은 어렵다. 그렇기 때문에 일본에 투자할 때는 자연재해를 반드시 염두에 두어야 한다.

하지만 막연한 공포는 금물이다. 제대로 내용을 알고 최대한 대비할 수 있다면 큰 문제가 될 일은 극히 드물다. 지진이 일어나면 건물에 직접적으로 피해가 생길까? 정말로 지진으로 땅이 흔들려서 건물이 부서지거나 무너지게 될까?

2011년 동일본대지진의 사례를 확인해 보겠다. 큰 규모의 지진 중 가장 최근에 발생하기도 했고, 진도 규모는 9로 일본 근대 지진 관측 중 가장 큰 지진이기 때문이다.

간토에서 도호쿠 지방에 걸쳐 여러 피해가 발생했지만 도쿄의 건물만 확인하면, 완전파괴는 15채, 부분파괴 198채, 화재소실 1채 등으로 총 피해규모의 0.4%에 불과했다. 이것을 도쿄의 '고층 맨션'으로 다시 좁혀 조사한 결과를 살펴보면 총 8만 5,798채의 맨션 동에서 완전파괴는 0동, 부분파괴는 61동 등으로 그 숫자는 더욱 적어졌다.(출처: 〈일본 경찰청 긴급재해경비본부: 2011년 동일본 대지진의 경찰조사와 피해현황〉, 〈일본 사단법인 고층주택관리업협회: 동일본대지진 피해상황 조사보고〉)

관측 역사상 가장 큰 규모로 기록되는 2011년 동일본대지진 때에도 도쿄에 있는 부동산이 직접적인 피해를 입은 것은 극히 일부였으며, 대부분의 피해 역시 내진 설계가 되지 않은 일부 오래된 목조 건축물에서만 발생했다. 이 정도로 큰 규모의 지진은 그 주기를 600년 정도로 본다는 관측이 있다.

그래도 혹시나 도쿄에 또다시 큰 지진이 오지 않을까? 그 지진으로 피해를 입게 되지 않을까? 2011년 동일본대지진 이후 일본 내부에서도 기존의 지진 예측을 벗어나 다양한 형태로 접근하면서 여러 가지 가능성에 대해 대비하고 있다. 가장 최악의 상황을 상정하기도 하고, 가능성을 점쳐 보기도 한다. 가끔 기사에서 최악의 상황으로 고려되는 사례를 굉장히 크게 보도하는 경우가 있는데, 이것은 전형적인 선동 보도라고 할 수 있다. 최악의 상황을 가정해서 피해를 최소화하자는 의도로 만들어진 사례를 마치 곧 일어날 일인 것처럼 보도하는 것이다.

실제로 일본에서 앞으로 30년 이내에 발생 가능하다고 예측된 지진은 도쿄보다는 근교에서 발생할 가능성이 더 큰 것으로 나타났다. 현재 내진 설계가 되어 있는 도쿄 내 건물 비중은 다른 어느 지역보다 지진 대비가 잘되어 있는 편이기도 하다. 내진 설계 기준을 만족한 건물에서는 이전 사례에서도 보듯이 직접 붕괴가 일어난 경우는 거의 없으며, 오히려 침수나 화재에 대비하는 것이 더 중요하다.

물론 모든 것은 예측일 뿐이다. 준비해서 나쁠 것 없듯, 부동산을 매매하기 전에 그 건물이 내진 설계가 적용되었는지 먼저 확인하는 것이 가장 좋다.

일본은 오래전부터 크고 작은 지진을 겪어오면서 점점 더 강화된 내진 설계 기술의 도입을 요구해왔고, 1981년 이후부터는 내진 설계가 되지 않은 건물은 아예 건축 허가가 나지 않는다. 즉, 현재 존재하는 대부분의 건축물에 내진 설계가 적용되어 있고, 1981년 6월에 공표된 〈신 내진 기준〉을 기준으로 진도 6~7의 지진에도 넘어지거나 붕괴되지 않는 최상의 안전성을 확보했다. 실제로 〈신 내진 기준〉이 적용된 건물은 1995년 한신·아와지대지진과 2011년

일본의 건축물 내진 설계 역사

• 1923년 관동대지진

• 1924년 〈시가지 건축물 법〉 개정

• 1948년 후쿠이지진

• 1950년 〈건축 기준법 제정〉: 전국 건물에 내진 설계 의무화

• 1978년 미야기현 앞바다 지진

• 1981년 〈건축 기준법 개정〉 및 〈신 내진 설계 기준〉:
  진도 6~7 지진의 내진성 의무화

• 1995년 한신·아와지대지진

• 2000년 〈건축 기준 법 개정〉: 목조주택의 지반조사 의무화

• 2007년 3층 이상의 공동주택의 중간검사 의무화

• 2011년 동일본대지진

동일본대지진에서도 피해가 적었던 것으로 확인되었다.

일본의 잦은 자연재해는 부동산 투자에 있어서 리스크임에 틀림
없다. 하지만 아무런 근거 없이 그저 공포감만 갖고 있는 것은 투자
결정에 그다지 도움이 되지 않는다. 전문가들의 예측과 실제 사례
를 꾸준히 확인하면서 객관적으로 평가해야 할 것이다.

자연재해를 대비하기 위해 드는 화재보험은 그 종류와 보장항목
이 정말 다양하게 구성되어 있다. 건물을 소유하고 있는 건물주는

대부분 건축물을 보장하는 화재보험과 지진보험을, 임대로 사는 임차인은 가구나 가전제품 등 재산의 피해를 보장하는 화재보험을 가입하게 된다. 한국에서도 건물주들이 건물, 엘레베이터 등과 같은 시설물에 화재보험을 가입하는 것과 유사하다.

일본에서는 주택의 모든 임차인에게 화재보험을 가입하도록 요구하고 있으며, 이는 임대 계약을 할 때 필수 조항으로 첨부하도록 되어 있다. 자연재해가 잦기 때문에 생긴 관습으로 생각된다. 우리와 같은 투자자가 건물의 화재보험을 든다면 화재, 태풍, 침수 등의 피해를 보장할 수 있는 보험항목을 찾고, 보장범위와 금액에 대해서는 각자 판단하여 가입하면 된다. 참고로 지진에 대한 피해보상은 일반 화재보험에서는 보장하지 않기 때문에 별도의 지진보험을 가입해야만 가능하다.

보험은 최악의 사태를 대비하는 최소한의 대책이라고 생각하는 것이 좋다. 내가 만일 피해를 보게 된다면 어느 정도까지 손실을 감당할 수 있는지 역으로 추산해서 보장범위를 결정해야 한다. 일본의 보험사들도 한국과 마찬가지로 영업자들이 친절하게 내용을 설명해주고 상황에 맞게 권유하기 때문에 부담 없이 상담을 받아볼 수 있을 것이다.

나는 기존에 가입되어 있던 보험을 승계하는 방식으로 계약을 맺었다. 특히 법인의 화재보험은 건물 자체의 손실보상뿐 아니라 재해로 인해 영업을 하지 못하여 발생되는 손실까지 보장해주는 항목도 있으므로 잘 확인해서 결정해야 한다.

4. 지하철 노선에 대한 이야기

1) 투자자의 시선으로 본 지하철 노선

야마노테선 山手線 [JR]

한국의 2호선과 닮은꼴인 도쿄의 순환 노선으로 도쿄 사람들이 가장 많이 이용하는 대표적인 지하철 노선.

주요 역 신주쿠, 이케부쿠로, 도쿄, 시나가와, 시부야, 신바시, 아키하바라

긴자선 銀座線 [도쿄메트로 / 아사쿠사~시부야]

일본에서 가장 오래된 노선으로 도쿄의 금융 거점인 주요 역을 정차하는 지하철 노선. 한 인터넷 매체에서 조사한 '가장 좋아하는 도쿄 지하철' 1위에 꼽히기도 했다.

주요 역 시부야, 오모테산도, 신바시, 긴자, 교바시, 미츠코시마에, 니혼바시, 우에노

한조몬선 半藏門線 [도쿄메트로 / 기치조지~히키후네]

도쿄의 북부에 위치한 사이타마, 남부에 위치한 카나가와로 연결되는 환승역을 포함하고 있어 장거리 출퇴근을 돕는 지하철 노선. 특히 한조몬선을 타면 도쿄에 운행 중인 다른 모든 지하철 노선으로 갈아탈 수 있다는 장점이 있는 독특한 노선이다.

주요 역 기치조지, 시부야, 진보초, 오테마치, 오시아게

도자이선 東西線 [도쿄메트로 / 나카노~니시후나바시]

도쿄를 좌우로 관통하는 노선으로 지바현까지 연결된다. 쾌속(급행), 통근쾌속, 일반 열차로 나뉘어 운행된다. 지바현에서부터 오테마치역까지 30분 만에 도착할 수 있어 지바현에 거주하는 사람들이 주로 이용한다.

주요 역 나카노, 와세다, 다카다노바바(대학가), 오테마치

아사쿠사선 淺草線 [도에이지하철 / 니시마고메~오시아게]

하네다공항, 나리타공항을 잇는 공항철도의 역할을 하는 지하철 노선. 오시아게역에서 나리타공항으로, 센가쿠지역에서 하네다공항으로 갈 수 있다.

주요 역 센가쿠지, 다이몬, 니혼바시, 아사쿠사, 오시아게

히비야선 日比谷線 [도쿄메트로 / 나카메구로~기타센주]

도쿄의 북부에 위치한 사이타마, 가스카베로 향하는 환승역이 있어 장거리 출퇴근을 돕는 지하철 노선이자 관광으로 유명한 역도 많이 있어 도쿄 사람들부터 관광객들까지 두루두루 많이 이용하는 노선.

주요 역 기타센주, 미나미센주, 우에노, 아키하바라, 긴자, 가스미가세키, 롯폰기, 나카메구로

주오선 쾌속 中央線 快速 [JR]

도쿄 중심지에서부터 서쪽에 위치한 미타카시, 하치오지시까지를

잇는 지하철 노선으로 매시간 최대 30편 전철을 운행한다. 운행 횟수가 많은 만큼 정시성이 떨어진다는 단점은 있지만 도쿄, 신주쿠와 같은 대표적인 역과 나카노, 기치조지와 같은 인기 상가가 많은 역을 모두 정차하기 때문에 도쿄 사람들의 많은 사랑을 받고 있다. 한 인터넷 사이트에서 조사한 '살고 싶은 지하철 노선' 2위에 오르기도 했다(1위는 야마노테선).

주요 역 도쿄, 신주쿠, 나카노, 기치조지

2) 이 책에 등장한 지하철역과 그 특징

신토미초역 [유라쿠초선 有樂町線(도쿄메트로)]

주오구에 위치. 역 주변에는 주오구청, 긴자 블로섬(구 회관), 쓰키치 시장이 있다. 근방의 히비야선 쓰키치역과 환승이 되지만 바깥으로 나가서 도보로 이동해야 해 불편한 편이다. 긴자 중심부까지 도보로 10분이면 갈 수 있다.

미나미센주역 [히비야선(도쿄메트로), 조반선 常磐線(JR), 쓰쿠바익스프레스 つくばエクスプレス]

아라카와구에 위치. 동북에 위치한 대표적인 환승역으로, 비슷한 역할을 하는 근방의 기타센주역과 비교가 자주 되는 편. 도야가이라고 불리는 빈민가, 허름한 유흥가 등이 아직 남아 있기는 하지만 역 앞 주변에서부터 조금씩 변화하고 있다.

미노와역 [히비야선(도쿄메트로)]

다이토구에 위치. 6차선 이상의 큰 도로가 다수 지나가는 형태로 교통량이 많다. 안쪽으로 들어가면 전형적인 한적한 주택가의 모습이지만, 역을 기준으로 동쪽에 일부 유흥가가 있어 치안 면에서 군데군데 차이를 보이는 편이다.

이타바시역 [사이쿄선埼京線(JR)]

이타바시구에 위치. 다소 오래된 주택들이 많이 있어 후미진 느낌이 들 수는 있지만 최근 재개발이 활발하게 진행되고 있다. 가족 주거 형태가 주를 이루고 있다.

기타이케부쿠로역 [도부 도조선東武東上線(도부 철도)]

도시마구에 위치. 중국인들이 많이 거주하는 곳으로 현지인들의 시선은 좋지 않은 편. 특히 치안이 좋지 않은 것으로 알려져 있고 밤에는 위험하다는 인식이 강하다.

신오쿠보역 [야마노테선(JR)]

신주쿠구에 위치. 코리아타운으로 유명하지만, 중국, 네팔, 베트남 등 동남아 국가들의 거주자도 많은 편. 도쿄 현지인들에게 아기 키우기 불안한 곳이라는 인식이 있다.

시이나마치역 [세이부 이케부쿠로선 西武池袋線 **(세이부 철도)]**

도시마구에 위치. 유흥업소가 많지 않고 차분한 분위기이다. 생활에 필요한 상가들이 모두 있고 치안도 좋아 살기 좋다는 평가를 듣는 편. 그러나 지하철 편이 세이부 이케부쿠로선밖에 없어 도심으로 들어가기 위해서는 한 번은 갈아타야 한다.

무사시코야마역 [메구로선(도큐 전철)]

시나가와구에 위치. 역 주변에는 주택가로 이루어져 있고 생활에 필요한 시장(상점가)이 잘되어 있다. 최근에 개발되어 도로의 폭이 넓고 정비가 잘 되어 있다. 특히 야간 순회가 자주 있어 치안이 매우 좋은 편이다. 하지만 지하철 편이 메구로선밖에 없어 도심으로 들어가기 위해서는 메구로역에서 한 번 이상 갈아타야 한다.

메구로역 [메구로선(도큐 전철), 난보쿠선 南北線 **(도쿄메트로), 미타선** 三田線 **(도에이지하철), 야마노테선(JR)]**

시나가와구에 위치. 대표적인 고급 주택가로 부촌으로 알려져 있다. 지반이 튼튼하여 지진에 강하다는 것도 도쿄 사람들이 이 지역을 선호하는 이유 중 하나이다. 메구로강의 벚꽃길은 전 세계적으로 유명하여 일본인들뿐 아니라 외국 관광객에게도 많은 사랑을 받고 있다. 연예인, 고소득자, 은퇴한 부유한 고령자 등이 거주하는 지역으로 유명하다.

가구라자카역 [도자이선(도쿄메트로)]

신주쿠구에 위치. 최근 TV나 인터넷에서 유명세를 탄 여러 음식점들이 있어 사람들의 발길이 늘고 있다. 비탈길이 있고 도로가 좁다. 밤이 되면 학생보다는 직장인의 모습이 더 많이 눈에 띈다. '도쿄 속 교토'라는 이미지로 고풍스러운 느낌이 강하다.

서울을 팔고
도쿄를
샀습니다

1판 1쇄 인쇄 2023년 1월 4일
1판 2쇄 발행 2023년 2월 10일

지은이 백승

발행인 양원석 **편집장** 박나미 **책임편집** 이수빈
영업마케팅 조아라, 이지원, 백승원, 정다은

펴낸 곳 ㈜알에이치코리아
주소 서울시 금천구 가산디지털2로 53, 20층 (가산동, 한라시그마밸리)
편집문의 02-6443-8867 **도서문의** 02-6443-8800
홈페이지 http://rhk.co.kr
등록 2004년 1월 15일 제2-3726호

ISBN 978-89-255-7711-1 (03320)